U0014643

FUTURE

FUTURE

FUTURE

FUTURE

CHRISTIAN ASTROLOGY
BOOK 1

基督教
占星學

第一卷

占星學導論

威廉・禮尼 *Willian Lilly* ——— 著

馮少龍 ——— 譯
魯道夫、Amanda老師 ——— 審訂

推薦序一
十七世紀之後所有占星師們的學習教科書

　　關於天體對陸地影響的明確證據，最早可以在「古巴比倫時代」中找到，那是記錄於公元前四百一十年的楔形文字，也是最具歷史的本命盤資料。

　　占星學的知識由每一代占星師於不同世紀之間代代相傳。的確，若要與西方其他知識的歷史相比，占星學傳統的延續性或許算不上甚麼，占星學傳統的重心是訊問（卜卦或問題），占星師於問題被發問的那一刻建立了一張圖（星盤），然後通過使用傳統的占星技巧，提供準確的答案，我們可以提問關於地球上任何事物的問題，因為所詢問的每一個人、物體或物質都有它們所屬的宮位、星座或行星。可以問的問題也非常地廣泛，例如：我什麼時候結婚？我懷孕了嗎？我那走失的貓到哪裡去了？我創業會成功嗎？我應該買房子嗎？我能從疾病中康復嗎？在深刻和真誠的思考之後，我們提出了一個問題，或許甚至再沒有其他可行的替代方案之下才決定提問，而進行星盤論斷的時刻便是占星師完全理解問題的那一刻，不管提問的是占星師本人或是他人。

　　威廉・禮尼（1602-1681）是十七世紀最著名的英國占星師，他是占星界中公認的大師，更具體地說，他是訊問或卜卦占星學的大師。禮尼的客

戶來自社會各個階層跟地點：貴族、商人、神職人員、自耕農和侍女，甚至有遠在巴貝多（Barbados，位於加勒比海與大西洋邊界上的島國）的人會透過書信跟禮尼進行溝通。作為一位多產的年鑑作者，禮尼同時還在一六四七年出版了《基督教占星學》，其後於一六五九年出版了另一版本。《基督教占星學》是占星學原理、技巧和方法的學術整合，書中的參考文獻列出了超過 228 位權威的作品，幾乎代表了禮尼身處時代整個歐洲占星學界。《基督教占星學》無疑是當時英語世界中最詳細、系統和全面的指南，十七世紀及之後的占星師均從禮尼的費盡心血的研究工作中受益。

占星學從十八世紀開始經歷了某種衰落，但它從未完全消失，然而，某些現代歷史學家和「科學家」卻貶低和嘲笑占星學，全然不知道（或不願意承認）他們自己崇拜的一些英雄，例如哥白尼（Nicolaus Copernicus，1473-1543）、伽利略（Galileo Galilei，1564-1642）和克卜勒（Johannes Kepler，1571-1630）全都精通占星學，並把占星學的可信性視為理所當然。二十世紀復興的占星學開始追求了另一條完全不同的道路，隨著占星學開始與心理學融合，占星術傳統的技巧和方法因而被修正、輕視和忽略，現代占星師發明了一些完全跟傳統理論矛盾的新技巧，占星學背後的哲學受到侵蝕，心理占星學的普及導致了占星學逐步被淡化、扭曲和誤解。無可否認，心理占星學在諮詢工作中有很大的幫助，但並不是說當中學理比較強調自我的心理學應該跟占星學傳統上的基本結構及方法相結合，如果我們希望徹底了解占星學，那麼我們就必須了解歷史上到底曾經發生過甚麼。可幸的是，一九八五年軒轅出版社重新出版了禮尼的《基

督教占星學》這套傑作，作爲一本占星教科書和案例手冊，書中那些基礎卻毫不含糊地針對不同議題及主題的方式，仍然於廿一世紀的社會中保留了一定的關聯性。當然，《基督教占星學》的重新出版也代表了現代占星學史上的一個轉捩點，這幾乎完全歸功於奧利薇亞・巴克萊（Olivia Barclay），因爲正是巴克萊擁有禮尼於一六四七出版的《基督教占星學》複印版，最終才促成了軒轅出版社於一九八五年重新出版了這部作品。

事實上，巴克萊也是最致力於出版禮尼作品的占星師，她出生於一九一九年，在晚年成爲一名占星師，直到她於二〇〇一年去世之前，她都一直毫不妥協地提倡傳統及卜卦占星學，她曾經這樣說：「我的所有作品幾乎都要感謝威廉・禮尼的影響，而我相信大部分英語世界的占星師也一樣，不管他們自己有否察覺到這些影響。」巴克萊於一九八四年建立了一個要求甚高的函授課程：卜卦占星師資格課程（Qualifying Horary Practitioner, QHP），通過這課程，巴克萊傳播了禮尼的智慧以及許多偉大占星師們的作品。（芭芭拉・鄧恩〔Barbara Dunn〕是巴克萊其中一名學生，當第一次跟巴克萊碰面時，當時的鄧恩已經熟悉占星學，鄧恩打算用這門課程去磨練自己的技能，到了二十世紀九〇年代初，鄧恩成爲了一位受歡迎的占星老師和講師，擁有越來越多的私人客戶，後來於二〇〇一年，巴克萊所擁有的 QHP 函授課程和一六四七年版《基督教占星學》都遺贈給了鄧恩，她繼承了這一傳統，是英國其中一名最重要的占星教師和卜卦占星術執業者。）

隨著十七世紀的精神和禮尼的作品重新來到現今社會，目前《基督教

占星學》正被翻譯成各種語言，當中包括由 Brian Fung（本書譯者）翻譯的精彩的第一卷中文版，這個版本對於那些想要認眞學習占星學的華人學生非常有幫助，相信不管是不諳英語或是精通英語的人均能受到幫助。禮尼的文字不僅在占星內容方面展現其複雜跟仔細的一面，同時是用古老的英語寫成的，這需要特定的古文知識。對於學生、執業者或愛好者來說，根據個人要求的不同，均會有他們使用這本全面的參考書的途徑。

　　第一卷介紹了星曆及其用途、以及圖表相關的計算、十二個宮位的性質和解釋、七個行星（不包括現代占星家今天使用的外行星）和十二個黃道星座，本卷還提供了判斷任何星盤所需的一系列原則和技巧。我們熱切期待著 Brian 的第二卷翻譯，其中會提供與卜卦占星學有關的方法和工作實例，以及第三卷，涉及的是本命盤、推運、小限法、回歸及行運。透過閱讀第一卷這令人興奮和激動人心的旅程，認眞對待占星學的讀者將會認識到卜卦占星學的巨大潛力和準確性，並明白到它到底有多重要，或許甚至有助於解決我們日常生活當中的許多問題。

時辰占卜占星學院院長

芭芭拉・鄧恩（Barbara Dunn）

Polstreath，Mevagissey，英國，2018 年 8 月

www.QHPastrology.co.uk

推薦序二
一本可爲華人占星圈展開新一頁的經典作品

　　威廉・禮尼的《基督教占星學》中文翻譯本的誕生，將有望爲華人占星圈展開新一頁，並讓人們更加理解傳統西方占星預測技巧背後的方法和哲學。

　　威廉・禮尼於一六四七年首次出版《基督教占星學》，一直以來，他都是我們英語世界中最有成就的占星家之一。

　　在這本深具開創性的書目出版之前，當時大多數文本／教科書都是用拉丁文寫成的，因此這些手稿中包含的任何知識，都只有受過教育的人或上流階級才能學習，而在這本書誕生之後，無論他們來自哪個社會階層，只要他們識字，都可以透過這本書學習占星學。

　　本書的出版背景爲從一六四二年至一六五一年英國內戰爆發的動盪時期。由於內戰，當時的出版辦事處因而關閉，這個機構（出版辦事處）正是當時控制英國所有印刷品的單位，並只允許出版他們批准的作品。在內戰之前，想要出版　些書讓那些普通人有機會裝備自己、甚至讓他們有機會超出總督的控制範圍，其實是一件完全被禁止的事。

　　在第一卷中，禮尼列出了行星和宮位中基本卻非常重要的意涵和特

質。通過仔細研究，學生不僅可以準確地描述求卜者，而且還能夠根據方向、地點的特質、顏色、年齡和時間找到丟失的物件、人物或動物有可能出現於哪些地方。

雖然第一卷的某些部分已經被電腦計算所淘汰，但是，如果我們失去電力供應，並且無法爲電腦充電的時候，那麼學習如何從頭開始繪製星盤仍然會是一個不錯的好主意！

我認爲對於所有占星師來說，無論他們的水平或知識如何，重要的是他們都應該花時間去閱讀本書中〈致讀者〉及其後的〈致占星學學生〉。

通過仔細研究，這本《基督教占星學》第一卷將讓所有占星學學生們能夠在他們想要練習或工作的任何占星領域中磨練自己的技能。

恭喜 Brian 將這本十七世紀的經典由英文翻譯成中文，這是一個精彩的作品。

國際專業占星師協會（APAI）會長

傳統派藥草占星大師

雪倫・奈特（Sharon Knight）

推薦序三
世界歷史中最重要的占星學著作之一

　　《基督教占星學》是十七世紀時一位極有成就的占星師的實際記錄，更是作者花費了一輩子時間來琢磨、研究的技藝，這可說是英語世界中最重要的占星學作品，同時亦是世界歷史中最重要的占星學著作之一。這部巨著是威廉・禮尼在人生最後的階段所撰寫的，一共三卷的作品構成了一套關於卜卦占星學及本命占星學的完整指導說明。禮尼是一個以身作則的人，他有豐富的占星經驗，而在這本作品中所包含的許多案例，除了反映了他如何成功，也印證了他的理論成果。

　　《基督教占星學》中文版的翻譯相當重要，原因有二：

　　首先，它描述了傳統占星學中大部分基礎理論和基本原則，這些技巧來自於很多認真鑽研的傳統占星師的衣袖，其中許多人很可惜地被歷史所遺忘或忽視，這些占星師的名聲早就該被復興，而《基督教占星學》將幫助學生接觸及理解前輩們的這些技巧。

　　其次，占星學中的精彩歷史案例將被再次提及，並在世上其他地區和文化中被認識，實在是一件令人興奮的事！正如傳統中醫、武術和東方哲學透過文化交流被帶到西方，西方的形而上學研究中最精彩的部分也被介

紹到東方文化之中。所有的執業占星師都可能告訴你，東方和西方只是同一軸線上的兩極，「這裡」跟「那裡」只是相對的術語，現代文明能夠帶來的最大禮物，正是透過推廣一種更客觀、更高的視野，讓不同文化知識之間擁有更多的交流機會、彼此認識、然後讓智慧得以擴大，從而惠及全人類。

　　我們很難比星星更高，《基督教占星學》正是那更偉大、更重要的運作體系中的一部分。

古典醫療占星專家

馬可斯・派察特（Marcos Patchett）

推薦序四
卜卦占星之一代宗師

　　每個學習卜卦占星的人，都要有一本《基督教占星學》。

　　卜卦占星（horary astrology）是占星學中一門重要的專科，就著問卜者的問題起星盤，並根據當中的象徵作出解答，對於當事人、所問之事、前因後果、當下狀態、未來發展等，都能夠作出詳細的描述。而卜卦占星所需運用的占星技巧及規條，一點也不容易，而且要用得恰當、正確，才能達致良好的判斷及答案。

　　在占星學悠久的歷史當中，當然有不少占星師都有撰寫關於卜卦占星的書，單是中世紀就有不少著作，為什麼威廉‧禮尼 的《基督教占星學》可以成為學習卜卦占星人士的指定教材？

　　威廉‧禮尼是十七世紀英國的占星師，當時他能夠接觸到的占星資料都是以拉丁文為主，以當時的環境來說，只有知識份子才懂得拉丁文。而當他學習和運用占星學時，便以英文記下相關的知識和案例，寫成了《基督教占星學》，亦因此能夠將占星學於英語世界普及。雖然後來占星學進入了黑暗期，但到了十九世紀，占星學復甦，及至八〇年代，古典占星學及卜卦占星學的資料再度被發掘、研究及傳播，以英語為基礎的《基督教

占星學》自然是重要的參考書之一。

　　而更重要的，是大部分的古典占星典籍，確實有很多理論和占星原則，但眞實的案例並不多，在《基督教占星學》中，威廉・禮尼不單把原則寫得清楚，每一個議題，都有眞實的案例，並道出對該案例如何判斷、做了何種考慮、運用了什麼原則、如何把結果推論出來。這對於學習占星的人來說，實在是最好的教材，否則空有理論，無法應用，也是徒然。就如法律一樣，有法理，也要有案例作參考。

　　《基督教占星學》以英語書寫，有助占星學在英語世界普及，但以現代人看來，尤其對不是以英語爲母語的讀者來說，十七世紀的英文亦不容易看懂。現有中譯本的出現，實在對學習卜卦占星的朋友，有莫大的幫助。

　　此書爲《基督教占星學》第一卷，是威廉・禮尼對於卜卦占星的簡介，主要內容是對行星、星座、宮位、判斷行星強弱等作出詳細描述。這些對於一直學習現代占星的朋友來說，尤其重要，因爲在古典占星及卜卦占星的應用當中，對於行星星座宮位的解說、技巧的運用，比現代占星較爲多樣和複雜。在我的教學經驗當中，這往往讓同學頭腦打結，因爲硬性資料比較多，古典占星的描述，亦不像現代占星充滿故事、神話那麼易記憶富趣味，反而對應的人、事、疾病、植物、地點、動物、顏色、晶石之類的硬資料繁多，技巧上也一絲錯不得，確實需要這樣的一本參考書，如字典般供翻閱。

　　當然，卜卦占星有趣的地方，在於如何通過這些象徵的符號，將時間地點人物、事情之前文後理，像偵探探案般推敲出來，線索處處，看你如何將之連結起來，亦期待第二卷的案例篇面世。

香港占星師

（AOA）國際占星研究院創辦人之一

（STA）英國古典占星學院認證導師

Jupiter

（www.magiclife.com.hk）

推薦序五

開拓星盤高度與廣度的智慧結晶

　　威廉・禮尼先生所著的《基督教占星學》共有三卷，本書是第一卷〈占星學導論〉，看似最基礎，但也是最重要的部分。想對卜卦占星學做個入門的探詢，乃至於更加深入的研究，本書都是不能錯過的一本經典之著。

　　作者在本書的論述當中，手把手非常仔細地詮釋了行星、星座、宮位以及相位的特質，甚至連如何查找星曆表，都鉅細彌遺地介紹給大家。對於身處於科技日新月異，各種星曆表查找軟體極為便利的現代人來說，使用紙本星曆表反倒有種古樸的專業感。書中更介紹了如何使用星曆表以及宮位表來繪製星盤的原理與方法，同樣的，雖然現在使用各種占星軟體，只要輸入基本資料，便可以快速取得一張精美且不會有錯誤的星盤，但是知其然更要知其所以然，了解星盤繪製的原理，能夠幫助我們在詮釋一張星盤時，增添了解這一張星盤配置的高度與廣度。

　　本書的技巧運用多半側重在占卜層面，因此對於行星、星座、宮位所象徵的各種事物，包括：描述人物的外貌、特質、性格、個性、職業、身體器官、植物、動物、環境狀況、礦物、氣候、方位、國家、地區、時間性，以及顏色等等，都有非常詳盡的描述。不可諱言，在初次接觸時，需要花一點功夫及時間，有耐心的記下這些事物，但是當我們對於這些象徵

日漸熟悉之後，便能夠提升事件占卜的準確性，並且發現其中的樂趣。

　　了解到事物的象徵之後，更重要的是如何作出判斷。作者強調在判斷之前，要先確定該星盤是否合乎基本，當提出問題及建立星盤時，如果該小時的守護星跟上升點或第一宮的守護星落在同一元素、是同一行星或有著相同本質的時候，這個問題就會被視爲符合基本或可以作出判斷。

　　我一直非常感謝諸位大師們願意留下這些珍貴的文稿，讓我們只需要購買一本書，就有機會接觸到前人們的智慧結晶。在我自己學習卜卦占星的過程當中，拜讀《基督教占星學》這部巨著，帶給我很大的啓發。另外，站在傳統占星學角度，對於行星、星座以及宮位的本質詮釋，雖不見得直接運用在人文心理占星學的星盤解讀上，但是作爲了解前述特質，有相當大的助益。惟當初苦於只有原文書籍可以閱讀，我的家中現在還放著非常厚實的三大本書。對於書中部分優美卻相對艱澀的文字用語，著實耗費了不少心力，才能參透作者所要表達的意涵。

　　現在有幸透過優秀的譯者馮少龍先生，將本書的內容直譯成中文，譯者是一位非常嚴謹，重視考究的占星愛好者，透過他恰如其分、不添加個人想法，原汁原味的翻譯作者最初的文稿，我們將能透過本書，彷彿也穿越時空，得到了向威廉・禮尼先生請益學習的機會。相信各位讀者，在仔細咀嚼本書內容時，也能夠有非常豐富的收穫。

「命運好好玩」專業占星專家

Amanda

導　論
基礎而必備的占星學習參考

　　威廉・禮尼在一六四七年首度出版的《基督教占星學》是占星史上的一部重要作品，對於學習卜卦占星與古典占星的學生都有著重要的影響。雖然名爲《基督教占星學》，但事實上除了占星之外沒有半點宗教的意涵，我們必須知道在當時基督信仰主導著整個歐洲社會，若不放上這樣的名字恐怕連出版都很難。

　　卜卦占星有別於本命盤的解讀與個人運勢預測，這門技巧是根據求問者所提出問題的時間的星象來判斷問題的吉凶發展，例如買賣是否成交？婚姻是否順利？走失的人與動物究竟在何處？這一類的問題的判斷有著特殊的規則。

　　禮尼先生對於占星學的熱愛促使他寫下了這套三卷的重要文獻，至今仍是學習卜卦占星的必讀教材，第一卷與第二卷側重在卜卦占星的學習，這次出版的第一冊強調卜卦占星的基礎認知，包括了行星的象徵與有關的事物，宮位以及星座所代表的事物，這些都是卜卦當中相當重要的。必須了解到每一個行星、星座、宮位都有豐富的象徵意涵，火星可以是士兵、外科醫生、甚至是強盜小偷，如何去判斷辨別？當你在解讀尋找物品的時候，象徵星所座落的宮位星座，不但給你方位的描述，甚至告訴你附近環

境的特質，這些都是卜卦占星的重要基礎。

　　吉凶的判斷更是複雜，透過認識行星的必然尊貴以了解行星本質是否帶有吉利，透過偶然尊貴了解行星是否具有影響力，以及外在環境的影響，甚至行星的運行，兩顆行星之間產生的相位在卜卦占星當中透露著求問者的問題的發展，是否能夠如他所願？是否會遭遇挫折？其中一方是否會反悔？這些豐富的資訊都是學習卜卦占星必備的知識。熟悉這些內容我們才能夠進一步的去判斷問題。

　　在卜卦占星的教學中，長久以來僅有少數的中文著作，而這本《基督教占星學》，第一卷給予學習卜卦占星與古典占星的學生們重要的基礎，是學習卜卦占星的必備經典。AOA 學院的馮少龍老師是華人占星學界的新星，不僅學識豐富，對於占星的學習更抱持著嚴謹的態度，謝謝他願意將這本巨作翻譯與大家分享，我們也期待很快地能夠見到第二卷的出版，讓占星愛好者能夠更深入的認識卜卦占星。

AOA 國際占星研究院創辦人

英國占星學院首位華人客座講師

魯道夫

二〇一八年八月八日

譯者序

於我而言，當初會自發翻譯這一本書，全是出於幫助自己的心態。

雖然我學習占星已經有一段不短的時間，但我仍然記得，當時已有一定現代占星基礎的我，在第一次接觸傳統占星的各種術語時所感到的疑惑跟焦慮。記得那是一個跟傳統醫療占星相關的課程，正因為 term、face、peregrine 這些字在英文中確有其字，因此我完全沒有察覺到它們其實是傳統占星中的術語，同時也對整理那個課程的資料感到無力。當時我的老師魯道夫老師說，如果想認真了解傳統占星的理論跟術語的話，不妨參考《基督教占星學》的第一卷，這便是我跟這本書產生淵緣的開始。

這本書從開始翻譯到二〇一八年正式出版，相隔了三年多的時光，當中很多術語跟內容的翻譯都曾經歷過再三的修改，尤其在我分別跟 Jupiter 老師與魯道夫老師學習卜卦占星學、同時參考幾位現在比較有名的卜卦占星師的著作之後，我漸漸發現這些術語原來是一種類似比喻的描述，行星是角色，不同的星座就像是不同的國度，由不同的人所統治，所以這些行星有時候會在自己統治的地方，從而有較大的力量，有時候則像是流落在陌生的境外，但可能同時受到當地統治者的接待；某些角色腳程很快而且有著某種體質跟脾性，兩個角色之間的互動也會因應這些特點而衍生出不同的意涵。於我而言，這是卜卦占星學其中一個最有趣的地方。

　　也基於以上的比喻，因此在很多術語的翻譯上，我完全沒有參考其他華人占星師的翻譯，我的出發點是希望盡量不把中國命理的專業用字搬到西方的占星學之上，儘管在卜卦占星學中四分相的確是不吉利的，但我仍然避免用「刑剋」，原因是我不完全理解這些字眼，所以也避免讓讀者在解讀卜卦星盤的時候有任何我所不知道的額外影響。以上這些原因，也許會讓一些熟悉其他傳統占星中文書籍的人感到陌生或不習慣，所以我希望能借此機會陳述一下。

　　當初我是出於想要自學，所以才開始把內容翻成了中文，這本書能夠從我自己的個人作業，最後演變成一本正式出版的書，要感謝 Yvetta 跟魯道夫老師長久以來各方面的照顧跟幫忙，尤其 Yvetta 在這件事上的鼎力相助，以及魯道夫老師在我的占星學習上各種耐心的教授，當然最重要的，是要感謝編輯毓玫以及商周出版每一位同事的同心協力，才能夠讓這本中文版得以誕生。

　　但願《基督教占星學》的第一卷能夠幫忙學習卜卦占星跟傳統占星的每一位。

Brian
二〇一八年於香港

致謝

致最敬愛、最具品德之好友、擔任本屆議會中下議院其中一員的布爾斯特羅德・韋特洛克閣下[1]

致尊敬的閣下：

　　希望這封在沒有通知你的情況下公開的書信不會讓你產生負面的感覺，但願你會接受這是一件能被寬恕的逾矩之舉，也希望我這假設能夠在你最為仁慈的手中輕易地得到赦免。我因你那讓人愉快的性格而感到欣喜，容許我略為冒昧的說，這種性格本質的各種特色無疑都能在你身上找到，因為那是固定的、天生的、並植根於你之中的品德，你殷切地愛護朋友，也鮮有因著疏忽而感到被冒犯。

1　布爾斯特羅德・韋特洛克（原文拼法為Bolstrod Whitlock，現今常用拼法為Bulstrode Whitelocke）為當時的一名律師、作家及議會成員，韋特洛克當時在議會中甚具影響力，當時的他因為患病，所以拜託朋友把自己的尿液交給禮尼，希望從占星學中得到醫治的方法，當時禮尼判斷韋特洛克會很快康復，卻也會在一個月內因為放縱而讓病情復發並變得危險。結果他真的如禮尼所判斷的，因為康復得很快而漠視了禮尼的忠告，結果因為食用太多鱒魚而病得相當嚴重，嚇得半死的韋特洛克於是再次向禮尼求助；在這次見識到禮尼非凡占星技巧的經歷後，他倆成為了朋友。以上資料參考自 http://www.astro.com/astrology/in_lilly_e.htm，這篇文章是Dr. Catherine Blackledge所整理的威廉・禮尼生平傳記。

　　原諒我的冒昧，肯定的是我欠你實在太多，即使做再多的事情我也仍然無以為報，沒有別的方法能夠讓我表達感激之心，自從上帝第一次讓我認識你開始，你就一直熱心的推廣我和我那些可憐的作品，不管是當下或是將來我都定當銘記在心；因此，以上帝之名，我必須坦承你不但給我機會去做那些讓我現在被大眾認識的事情，也促使了這本隨之而來的著作，這一刻我必須謙敬地把這歸功於你的支持，以證我對你的敬意及感謝，若非你一直以來堅持對我的賞識，我的屍首及知識將埋葬於永遠的靜默之中，因此，學習這門學問的學生必須知道的是，占星學的光復全賴你的良善，因為先生你把我當為朋友，也在你的友人面前對我讚譽有加，你也從不忘記對我或我的朋友以禮相待，為此我必須對你更加尊敬，除了因為我經常需要乞求你的恩惠，也因為我總是馬上就察覺到你如何立刻實際地作出我所需要的行動。

　　如果我這樣子一一列出你對我所作出的德行及禮待的話，那將不知道要寫到何年何月，雙手也將因寫作而疲累不堪，但私底下你真的協助了你的朋友，就像你於現屆議會中忠實地服務了你的國家七個年頭，甚至讓你的健康轉差，也讓你花了數千鎊的財產，這些我都知道，你為了英聯邦的福祉而受苦，被委任為備受尊崇的專員，負責國會跟國王之間的所有和平條約，你以坦誠、公正及忠誠委身其中，讓整個帝國都感到滿意，我們這些平民實在虧欠你非常多[2]。

2　韋特洛克當時有過相當多重要的政績，例如當英國內戰爆發的時候，他站在議會一方，利用自己副中尉的身分阻止國王於白金漢郡（Buckingshire）及牛津郡（Oxfordshire）起兵。《基督教占星學》一書出版的年代（一六四七）正好是英國內

我知道你還是比較喜歡言簡意賅，所以我還是少說一點比較好，但我必須重提一六四四年時親耳從你口中所聽到的那些優秀言辭，否則我將不能保持沉默。當時本屆議會聲望相當低，面對是否放棄議會這個問題，你說：「不，我不會離開這個目前座落於西敏寺的議會，因為是我的國家把我召來、送來這裡為他們提供服務的，如果神真的認為陛下會壓過我們的話，那麼我將決心守在這裡，於這建築物之中死去，神賜給各尊貴議會成員讓他們繼續穩守崗位的使命，我將肩負同等責任。」直到今天，你仍然好好地履行這些話語，繼續你那永恆的忠義，來自那些呲牙咧齒的小人口中最惡毒的話語也從沒有對你的榮譽造成一點損傷。

現在我可以在寬廣的土地上走動[3]，而我知道萬一我繼續說下去的話，我將會動搖到你那平易近人、不易被惹怒的脾氣，我將保持沉默，只是：「希望你會恩待那初熟果實新生的能力，只因那能力已然成長，並終在你的太陽之下變得成熟，我深信那果實必不會是毫無價值的回報。[4]」

先生，但願你不會因為促成了隨之而來的這本著作而覺得蒙羞，我以相稱的方式於其中投放了這門學問的整個觀點，因此我應該可以為那些被

戰爆發的時候（一六四二至一六五一），當時議會派跟保皇派發生了一連串的衝突及鬥爭，韋特洛克正是議會派一員。

3　作者意指自己及占星學之所以能夠被重視，其實全靠韋特洛克，他讓自己不至於默默無聞，甚至得到尊重。

4　作者於原文所用的是拉丁文，原文為：Faveas (precor) primitiis crescentis indolis, quae si sub tuo sole adoleverit, et justam tandem maturitatem consequuta, non indignos nos fructus retributarum confide.

隨街兜售宗教的神職人員所誤導了的人們釐清想法，那些除了滿口空言之外沒有其他更有力憑證的神職人員，把占星學視爲魔鬼的教條，這種最爲可恥的謠言被硬塞到各紳士貴族的理解之中，讓他們於這門學問之前卻步，完全的不讓自己涉足其中。

　　祝願你和你那尊貴的夫人幸福快樂，我全心全意的以這些話作出總結。

你最謙卑的僕人

河岸街一六四七年八月十六日

威廉・禮尼

致讀者

　　在以往的作品中，我經常暗示自己對於一六四七年即將發生的事感到無比恐懼，如果你有讀過我於一六四四年發行的《於木土合相之前所寫的書信》（*Epistle before the Conjunction of Saturn and Jupiter*），或是於一六四五年發行的《英國一六四五年之書信》（*Epistle of Anglicus 1645*）第 108 頁的話，你會找到以下的內容：「我已經前進了超過一萬五千五百四十九日，而在到達一萬六千四百二十二日之前，我的人生將會陷入巨大的災難之中，但這即將折磨我的一年也將同時搖撼某個王朝及帝國。各種讓我在意的事最後完全證實是真確的，於一六四七年這不幸的一年中，我擔驚受怕並受到憂鬱的情緒影響，也受到鬧脾氣的脾臟及壞血病所折磨，而於這一刻，一六四七年八月，就在我即將完成這著作的時候，基於八月四日當天我的其中一名僕人被埋葬了，而於同月二十八日則有另一名僕人同樣被埋葬，我也不想再提起那場瘟疫，我自己跟家中餘下的各人也被迫離開我本應身處的地方，前往別處換一口氣，所以，如果我這一封信或者本書的後半部分有任何內容存在缺陷的話，事實上我也相信應該有存在缺陷，基於這些部分是當我跟我的家庭處於滿腔的悲傷及困惑茫然中所寫的，我希望各位讀者能夠以禮相待，略過因那些瑕疵（如有）而來的善意批評。

　　我感謝全能的上帝，祂讓我的人生延長到這一刻，並一直對我恩惠有

加，一直沒有讓我遇上災劫，讓我能夠花那麼多時間把導論的內容力臻完美，這不單是我曾經承諾的，也是很多祈望學習這門學問的人們所渴望的；後半部關於王朝的內容，所預言的相信已經踏上舞台，數百萬觀眾的眼睛即將看到它如何發展，讓我們把事情的發展交託於上帝的手上，祂也正在趕忙讓某些肩負帝國事情的人們得到嚴厲的下場，「讓公義昭顯，吾皇萬歲，讓議會興盛」[5]，倫敦的市民對占星學所知甚少，在我其中一封書信裡，當中記載了重要的內容，時間將讓它們變得合理（以證它們並不是被白寫的），但現在已經太遲了，事情已經發生了。

目前這部作品，也就是這隨之而來的書，它共有三卷，第一卷主要著墨於以嶄新的方式教導學生如何開始自己的工作，也就是教導他使用星曆、宮位表等等，讓他知道如何建立天宮圖、如何於其中放置行星、如何根據他資料的時間校正行星的位置，也揭示了宮位、行星、黃道星座的本質、星座的分類及次分類、它們的各種特質、占星學的詞彙，以及所有適合初學者在開始做出星盤判斷之前學習的內容。對於任何想要以這種方式努力學習的人們，我有以下的提醒：

第一，他必須非常清楚星曆的使用方法，可以為日夜的所有時間建立天宮圖，當有需要的時候可以把行星的位置修正成特定時間、並能夠輕易地釐清各行星的特色。

第二，我希望學生能夠非常完美地掌握各宮位的本質，好讓他能夠因

5　作者於原文所用的是拉丁文，原文爲：fiat Justicia; vivat Rex; floreat Parliamentum.

應提出的問題所需要做出的判斷，而決定從哪一宮找尋答案，免得他爲了想要知道眞正答案卻在過程中把事情錯認。

第三，我希望他已經學會及明白每顆行星的缺憾及力量，不論是必然尊貴還是偶然尊貴。

第四，他必須熟知尋找象徵星本質的過程，知道它本來象徵什麼、於偶然位置下象徵什麼，以及在有必要的時候知道如何改變它的重要性。

第五，讓他清楚知道星座的本質、它們的特質及特色，以及它們天生會帶來怎樣的形態、形式及狀況，還有當任何行星位於它們其中之時，會爲個人帶來怎樣的影響。

第六，他需要掌握各行星所賦予的形態及描述，與因應它們在不同星座及宮位，或當月亮或其他行星形成相位時修正這些形態。

第七，他必須經常閱讀這門學問的辭彙，讓這些知識在腦海保持鮮明，尤其是第一卷的第廿一章及廿二章。

如果全能的上帝願意保留我的性命，那麼我今後將爲這門學問注入更多的內容及洞見，因此我希望如果學生在作業中遇到任何非比尋常的事情的話，他們會願意告訴我。

我以正直殷切的心坦誠奉獻給這門學問，並未刻意忽略任何事情，我以作品的方便、適切或任何能夠協調學生學習的內容而自豪，我拒絕了所

有前人的方式，以全新的方式構築內容，雖然我從不認為任何人的教導錯誤而讓我無法滿足，但我發現自己這種方式簡單而且成功，更在比任何人預期更短的時間內讓這門學問的本領得以突顯，原因是雖然我還不足四十六歲，但我自一六三二年開始研究這門學問，自此已經在這國家生活了六年，而我知道自己比英格蘭中精於這門學問的任何人都更有研究。

最後，我給予每位作家應有的感謝，並坦白地記錄了被我參考過的每位作者，他們協助我完成了導論的部分。事實上，內容中的方法是我自己的，它們並非來自翻譯，但在撰寫筆記的過程中，我參考了達利歐[6]、博拉第[7]、托勒密[8]、夏利[9]、艾撒拿[10]、戴托利克斯[11]、奈

6　克勞得・達利歐（Claude Dariot，1533-1596），法國占星師，他曾經撰寫《占星學之簡介》（*Ad astrorum judicia facilis introduction*），最初於一五五七年出版，當時曾先後翻譯成法文及英文版本，是史上其中一本最早介紹關於卜卦占星學的文獻。

7　博拉第（原文：Bonatus，Guido Bonatti，出生時間不詳，估計死於一二九六至一三〇〇年間）為十三世紀最著名的占星學家，其最著名作品為於一二七七年發行之《天文之書》（*Liber Astronomiae*），共有十卷，內容包括為占星學辯護、星座、宮位、行星、相位、卜卦、擇日、世事及阿拉伯點、本命盤及天氣預測，為中古時代最重要的占星學文獻之一。

8　托勒密（Claudius Ptolemy，約公元90-168年）為古希臘數學家、天文學家、地理學家及占星家，其作品《占星四書》（*Tetrabiblos*）於占星學有著深遠影響，此書的手稿亦是占星學中其中一本最古老而且完整的，內容包括了占星學的各種爭論、世俗占星學、日月蝕的使用以及個人星盤於先天及外在事件上的討論。

9　夏利（Abu I-Hasan 'Ali ibn Abi I-Rijal，一般通稱為Hali或Haly Abenragel）為公元十世紀末至十一世紀初的阿拉伯占星師，他曾擔任突尼西亞王子的宮廷占星師，最著名的著作為《星星論斷全書》（*Kitāb al-bāri' fi akhām an-nujūm*，於一四八五年被翻譯成拉丁文，名為*Praeclarissimus liber completus in judiciis astrorum*）。

10　艾撒拿（August Etzler）為十七世紀德國醫療占星師。

11　戴托利克斯（原文：Dietericus，不同文獻曾記載為Helvicus Dietrich、Helwig Dietrtici

博 [12]、哈斯富爾特 [13]、撒爾 [14]、坦斯韃他 [15]、阿格里帕 [16]、費里爾 [17]、杜里 [18]、馬格里斯 [19]、奧里加努斯 [20]、雅高 [21]。

　　這部著作中，關於判斷卜卦問題的第二卷非常龐大，並遠遠超出了我的初衷，也超過了它該有的比例，在撰寫這部分時，我參考了博拉第、夏利、達利歐、紐波特、龐坦努斯 [22]、埃茲拉、撒爾，也驗證了這門學問中

等，1601-1655）爲德國占星師。

12　奈博（原文：Naibod，Valentin Naboth，1523-1593）爲德國數學家、天文學家及占星學家，曾撰寫《占星學元素的論述》（*Enarratio elementorum astrologiae*），因計算太陽每年平均速度而聞名，作品主要討論托勒密及一眾阿拉伯占星師。

13　哈斯富爾特（原文：Hasfurtus，Johannes Virdung of Hassfurt）是十六世紀初的著名占星師，他當時於普法茲（Electoral Palatinate，德國歷史上一種特殊領地的名字）擔任官職。

14　撒爾（原文：Zael，Sahl ibn Bishr al-Israili，約786-845）爲敘利亞占星師，作品內容包括占星學的理論及擇日等等。

15　坦斯韃他（原文：Tanstettor，Georg Tannstetter，亦稱Georgius Collimitius，1482-1535）是醫生、數學家、天文學家及繪製地圖專家。

16　阿格里帕（原文：Agrippa，Heinrich Cornelius Agrippa，1486-1535），他的作品比較集中於神祕學，於其著作《神祕哲學三書》（*Three Books of Occult Philosophy*）中，他討論到關於占星學跟神祕學之間的關係。

17　費里爾（Auger Ferrier，1513-1588）是法國醫生、占星師、詩人及解夢師。

18　杜里（原文：Duret，Noel Duret或Natalis Durret，1590-1650）是法國數學家、天文學家及宇宙學家。

19　馬格里斯（原文：Maginus，Giovanni Antonio Magini，1555-1617）爲義大利天文學家、占星學家、地圖繪製師及數學家，他支持於醫療中使用占星學。

20　奧里加努斯（David Origanus，1558-1629）是德國天文學家，他曾觀察過數顆流星，並於一五○○及一六○九年出版星曆。

21　雅高（原文：Argol，Andrea Argoli，1570-1657）是著名占星師，曾編寫一六二○年至一七○○年的宮位表及星曆，其最有名的作品爲醫療占星方面的研究。

22　龐坦努斯（原文：Pontanus，Giovanni Pontano，1426-1503）是當時義大利的一名人文

可敬的古賢們的手稿，他們所生活的年代距離現今這個崩壞的時代相當遙遠（而現在居住於這城市的那些粗鄙的專家們，我沒辦法跟他們來往）。於我而言，要看出這些先賢們所做的論斷跟那些更遠古的作者之間有何不同並不只是一件小麻煩那麼簡單，要在他們的不一樣之上取得共識這件事讓我感到有點棘手，我也需要把那些可能讓讀者們造成錯誤的地方改革修正，因爲事實上，前人們於著作中傳達心思的語言雖然擲地有聲，但在翻譯的過程中卻往往會造成錯誤，雖然他們相當努力把作者的意思翻譯成拉丁文或任何相稱的語言，但這些人並不一定理解這門學問或當中的辭彙，留下了帶著瑕疵的解釋給世人，相信任何人都曾經在我們稱爲《九位先賢的論斷》[23] 以及在肯迪[24] 的其他作品中發現這種問題，一位甚具學養的紳士早前也曾送我一本，遺憾的是當中的翻譯出現了同樣的問題。

在這第二卷中，我知無不言言無不盡，如果我這種與古人們某種程度上不太一樣的判斷方式能取悅任何人的話，他可以好好運用這裡面眾多的章節，在每一宮中我都描繪了一個或多個星盤，並在當中示範了我認爲能讓學生們相當方便的方法，這正是我想要推動這門學問的整副心意，可以的話甚至希望於其中運用點小智慧。

　　主義支持者及詩人，他曾經把托勒密的《占星四書》翻譯成拉丁文。

23　《九位先賢的論斷》（*Judicium in Novem Judiciis*）。

24　肯迪（原文：Alkindus，Abu Yūsuf Ya'qūb ibn 'Ishāq aṣ-Ṣabbāḥ al-Kindī，801-873）被喻爲「阿拉伯之哲學家」，他也是數學家、醫生及音樂家，曾致力把希臘的哲學引入到阿拉伯世界中，亦曾撰寫多本占星著作，內容包括天氣預測、日月蝕判斷、擇日及世俗事件等。

　　你會在第三卷之中找到整個關於本命盤的學問，我已經把它寫得簡單易懂而且重點清晰，其中一部分的方法以及很多的內容都是我參考里奧維堤亞斯 [25] 而來，他是第一個提出這門學問的人，在他之前，關於這門學問的論述可謂乏善可陳，至於他論述不足的地方，我自行做出了補充，或是參考了奧里加努斯、珍丁 [26]、貝采里烏斯 [27]、奈博、卡丹 [28]、阿爾宙斯 [29]、史可安拿努斯 [30]、艾不拜特 [31]、蒙圖莫 [32]、猶太

25　里奧維堤亞斯（原文：Leovitius，Cyprián Karásek Lvovický，1514-1574）是一名波希米亞天文學家、數學家及占星師，他曾經出版數本以拉丁文撰寫的占星學著作。

26　珍丁（原文：Junctine，Franciscus Junctinus，又稱Franciscus Guintini，1522-1590）是義大利占星學家、作家、神學家、數學家及醫生。

27　貝采里烏斯（原文：Pezelius，Christoph Pezel，1539-1604）是一名甚具影響力的改革派神學家。

28　卡丹（原文：Cardan，Gerolamo Cardano，1501-1576）被視為文藝復興時期其中一位最偉大的數學家，他同時也是一位占星師、醫生、生物學家、物理學家、化學家、天文學家、哲學家及作家，他對占星學及醫療文學的深厚知識為他建立了一套獨特的宇宙觀。

29　阿爾宙斯（原文Garceus，Johannes Garcaeus，1530-1576）為一名德國神學家。

30　史可安拿努斯（原文：Schonerus，Johannes Schoner，1477-1547）是一名德國人，他精通多個領域的學問，而且在那個時代，他被視為整個歐洲大陸其中一個最權威的占星師。

31　艾不拜特（Albubater為當時西方通用名字，原文為Abu Bakr al-Hasan ibn al-Khasib，公元九世紀末）是一名波斯占星師，他所撰寫的占星學導論內容關於我們今天稱為「太陽回歸」的技巧，為當時相當受歡迎的本命盤占星理論著作。

32　蒙圖莫（Antonis de Montulmo）是十五世紀末義大利的一名醫生、魔法師及占星師，根據現代對卜卦占星學有相當深厚研究的占星老師德博拉・霍丁（Deborah Houlding）研究所指，蒙圖莫於一三九六年所撰寫的《本命盤論斷》（On the Judgement of Nativities）受到雷格蒙塔努斯（Johannes Regiomontanus）的大力推崇，後來由史可安拿努斯於一五四〇年重新出版。

人 [33]、托勒密、林霍爾特 [34] 的著作。也許有人會對我不跟隨托勒密的觀點一事做出批評，我也承認我真的沒有跟隨，我既不是第一人也將不會是最後一位，原因是我傾向跟隨原因及經歷而為，而不是因著某人眼中的單一權威而行事。我在其中加上了很多自己的見解，事實上我也可以加入更多，但我算什麼？如果錯漏百出的話，那會跟一眾智者的觀點互相矛盾，尤其當他們的觀點全是我所崇敬尊重的。

我從來沒想過這部關於本命盤的作品會膨漲到如此厚度，我必須向你承認這超出了我最初的預算，無論如何，當中的痛苦都是我自己承受的，雖然也會有一些人受影響，這些人不在少數，他們都是那些不希望我以如此淺白易懂的方式傳授占星學的人。然而，我承認當聽到他們的話後，這反而讓我想要去披露所有我所知道的，而不是對某些部分欲蓋彌彰。

如果我關心的是自己的財富的話，那麼我根本不需要寫任何東西。誰可以迫使我呢？我本身的財富相當可觀，但目前我所做的事情是為了大眾的福祉，它一直是、也將會是引導我去做這種事的格言，身為作者，如果我自己也只想賺錢的話，那麼我如何能夠期望從其他作者身上得到真相呢？己所不欲，勿施於人。

33　作者於原文中所寫的名字為拉丁文Judeus，意指「猶太人」，根據德博拉‧霍丁的研究，這裡所指的猶太人為阿伯拉罕‧伊本‧埃茲拉（Abraham ubn Ezra，1089-1167），他精於哲學、天文學、占星學、數學、詩詞、語言學等，他曾經撰寫一系列關於占星學系統及原理的著作。

34　林霍爾特（原文：Lindholt，Henri de Linthaut）。

　　占星學這門學問所涵蓋的部分比現在我所寫的更多，又或是說我沒有餘暇去做，但我知道很多人期望我會撰寫關於擇日、行星較緊密合相及較寬鬆合相分別所帶來的影響、日月蝕、流星、強大的凌日或凌月、天氣的轉化及趨勢、世上的一般事故（即世俗占星學）、太陽每年入境牡羊座所帶來的特定命運、每月觀察等等。事實上，這些東西於我而言同樣重要。讓我把榮耀歸於主，我非常了解這些東西，我也懂得如何進行它們的判斷，我為此感謝主；但關於擇日，我認為它跟能否成為聰敏的占星師無關，因為只要有好好學習我這本書，無論是什麼卜卦問題，當中的答案應該都已經包括了他所需要擇日的答案。

　　曾經閱讀過我關於《木星土星合相》文章的人，應該能夠自行撰寫其他主要及次要合相的內容，在那之前我不曾撰寫過類似文章，但我編寫出那一篇，也從中得到無比樂趣；每年我也的確會撰寫關於那年日月蝕的內容；我曾經寫過兩次凌日或凌月這個強力現象，兩次都是出於好意，之前我也沒有看過任何人撰寫相關的文章，至於流星，至今我仍沒有機會撰寫相關文章，但在《木星土星合相》的論文裡，當中我有約略提及一六一八年出現的流星，後人從標題中自會知道我認為哪種方法最適合用來做出相關的論斷；至於天氣，當中的知識實在相當粗疏，牽涉的關鍵因素也實在太不相同，這需要相當長的時間去經歷，再者，布克先生[35]已經答應肩負

35　原文中作者稱其為布克先生（Master Booker）的人為約翰・布克（John Booker，1603-1667），是當時英格蘭的一名占星師，他對於古斯塔夫二世・阿道夫（Gustav II Adolf，瑞典瓦薩王朝國王）及腓特烈五世（Frederick V，英格蘭國王詹姆士一世的女婿）死亡的預言讓他聲名大噪，威廉・禮尼曾對他讚譽有加，但後來二人因為出版許

這個重擔了，事實上他也是全英國我知道唯一有能力勝任的人。我也對文森特・榮先生 36 寄予厚望，但相比起占星學，他更傾向於數學的研究。也許還有很多行事低調但能夠做出屬害星盤判斷的人，但遺憾的是我並不認識他們。

至於年度及月度的判斷，至今我仍未消化出一種方法來，我希望親身體驗及使用這些方法，我是第一個以如此淺白的語言去冒險做出月度觀察的人，但把我所有知道的事情傳承下去並與後人溝通是我的心願，由於最近受到一些一知半解的蠢材誹謗的關係，我想讓後人知道我是誰，以及我的專長是什麼。

我生於一六○二年五月萊斯特郡戴斯禾夫 37 一個荒蕪的小村莊，於阿什比 38 的文法學校唸書，並打算前往牛津升學。在一六一八及一六一九年，家父的財產虧損嚴重得沒有能力讓我繼續升學，那兩年我活於某種赤貧及不安的狀態之中；一六二○年，一名律師把我送到倫敦去侍候一名紳士，吉爾伯特・懷特 39。他曾於我目前居住的這房子裡生活過，也於這裡

可的事而起爭執。

36　文森特・榮（Vincent Wing，1619-1668）是英格蘭的占星師及天文學家，他跟威廉・李本（William Leybourn，1626-1716）所合寫的《烏拉妮亞之實踐》（Urania Practica）（註：烏拉妮亞為希臘神話中九位繆思女神中的其中一位，她的名字從古到今一直跟天文學扯上關係，現今不少國家的天文台仍然以她為名）為當時第一本以英文撰寫的天文學叢書，厚達三百頁，他跟威廉・禮尼曾經維持一段時間的書信往來。

37　萊斯特郡戴斯禾夫（Diseworth, Leicestershire）。

38　阿什比（Ashby）。

39　吉爾伯特・懷特（Gilbert Wright）。

離世，他從來沒有任何工作，但偶爾會跟埃傑特大法官[40] 碰面，生活也相當低調，一六二四年，他的妻子死於左胸的乳癌；我於一六二五年開始居於當時病疫蔓延的倫敦[41]，感謝主我沒有染病；一六二六年二月，我的主人再婚，他死於一六二七年五月二十二日，死前他安排日後每年給我二十英磅，感謝主至今我仍然享用這財富，否則我不可能像擔任他的僕人時一樣生活得如此自由。在一六二七年之前，事情差不多塵埃落定，我的女主人欣然答應讓我成為她的丈夫，在她人生的其中幾年中，我低調隱密地度過了自己人生的一些時間，然後我們也仍然非常恩愛地住在一起，可是，於一六三二年，我莫名其妙地受到占星學的影響，並渴望去學習這門學問，為的只是想看看當中有沒有任何真實性，當時很多騙子公然利用占星學謀財行騙，當時我承認有遇到了一位先生，但他也不過是另一名騙子而已，這讓我得不到任何鼓舞，六星期後我把他請走了，至今我們仍沒有再說過任何話。之後我唯有努力學習，因為與其讓我再跟另一個江湖術士糾纏不清，倒不如決心排除這可能性再次發生。透過我的努力學習，以及多次跟一些像我一樣無知的人的會面討論，最終我從錯誤中得到真相，並認

40　埃傑特大法官（原文：Lord Chancellor Egerton，Thomas Egerton, 1st Viscount Brackley，1540-1617）是當時一名貴族，他曾擔任國璽大臣（Lord Keeper）及大法官長達廿一年。

41　倫敦於十七世紀期間曾多次發生瘟疫，之前於一五六三年及一五九三年爆發的瘟疫分別有約1000人及15,003人死亡，但　六二五年這一次嚴重得多，因瘟疫而死亡的數字高達41,313人，雖然在威廉・禮尼撰寫本書期間，倫敦再次爆發另一次瘟疫，死亡人數仍然遠低於一六二五年這一次，一六二五年瘟疫被稱為「大瘟疫（Great Plague）」，直至一六六五年疫情才超過一六二五年，而這數次瘟疫所爆發的為不同的傳染病，但於十七世紀的數次皆與鼠疫有關。

為那些學識粗疏的占星師確實是騙子無誤。

時至一六三三年九月，我的妻子離世，在不知道世上還有哪位親戚的情況下，她留了相當豐厚的遺產給我，我必須讓後世知道的是，當時她把一些土地轉賣了，而她大可以把跟這二十位貴族的交易費用轉嫁給我，但她選擇的是把土地以二百鎊的價錢賣出，並把全部的金錢給我。

一六三四年十一月，我再次結婚；一六三五年，我慘痛地經歷抑鬱症的困擾，並被迫離開倫敦，於一六三六年移居薩里 [42]，並一直住在那裡直到一六四一年九月，那段日子也許堪稱最荒蕪的住處。然後我再次來到倫敦，斷斷續續地發表針對教會跟政府的星盤判斷，當時我也知道那是我必須要做的事；我一直都深愛著王朝，但我始終認為如果議會沒有發揮它公正持平的權利的話，所有事情都會化為烏有。當時我默默無聞，或是說未有受到任何人注意，時間為我帶來了同伴，其中一位是於一六四三年大約二月左右出現的一位女士，她希望我為某位備受尊敬的紳士的尿液作出判斷，他是一位法律委員，當時他身體不太好；我答應了，尿液被帶來，而我也交回了星盤判斷，之後我前往探望這位先生，雖然我倆從未碰面，但我知道他是一位彬彬有禮的男士。他的確是一位紳士，而且是一位非常熱心的朋友，前往探望他的那一天是我人生中最快樂的一天，全賴他本人的慷慨支持，我才能夠有今天，縱使面對不同敵人，占星學仍然恢復了其地位 [43]。

42　薩里（Surrey）位於英格蘭東南部。

43　作者在這裡所指的正是布爾斯特羅德・韋特洛克。

　　有鑑於探望這位先生時我所接收的好意，我把一六四四年的占星論斷手稿其中一小部分送他，當時的我仍然能夠自由地發表關於年度事件的意見，這讓他感到歡喜並開始把它傳播開去，複印本因而被製作及往外散佈；全靠他獨力把這可憐的手稿介紹給私底下的朋友，這門崇高的學問才初次於議會的要員之間受到尊重，當時整個英國的公義都仍然擁有較好的名聲；因此，請讓這位先生的名字流芳百世，因為他對作者及占星學的認識，讓作者與占星學都受益甚多。

　　也許本書錯誤真的很多，我期望學生們在正式運用占星學之前能夠自行更正它們，我也希望錯誤沒有那麼多，但對於在這種情況下所撰寫的作品來說，這是不可能的事。

　　所有榮耀歸於活於這個時代之前的各位作者，或是活於現在並支持過我的人們，我忠實地相信自己所提及的事情，如果我犯下任何錯誤或忽略了任何更正的話，我衷心致歉。

河岸街橋邊街角的一家房子

一六四七年八月二十一日

威廉・禮尼

致占星學學生

　　朋友，無論你是誰，打算進一步學習天空上眾星知識的你，此時將輕而易舉地接收我辛苦研究的成果，而這些知識，明顯地都是那位我們看不見卻全能的神那偉大而讓人稱羨之作。

　　首先，要考量並敬仰你的神，並且要感謝祂。你要記得謙卑，無論你所學到的自然知識有多強大並使你變得多與眾不同，都不要讓自己因為這些知識而得意忘形，從而忽視了神的恩典，透過神那全視的秩序及安排，天地間所有事物都有其不變的動態，但當你的知識越益增加，你也將越能夠放大全能的神的力量及智慧，並會努力讓自己維持在神所喜歡的樣子：要有自信，這會讓你更加神聖；要更靠近神，這會讓你的判斷更加純粹。

　　注意不要驕傲自大，記住在很久之前，沒有任何野生動物敢冒犯作為宇宙縮影的人類，牠們只是忠誠地臣服於他並尊敬他，出於人類一直能掌握好自己的理性及激情，而直到人類的意志開始不講理的時候，天啊，當不公正的情況充斥，人類開始隨性而為、放棄理性的時候，那麼任何野獸、生物以及能夠相害別人的事物都會因而變得反叛，並不再聽命於人類。人哪，你要為神站牢，並堅持祂的教義，思考自己的可貴，想想所有已然創造跟將被創造的事物是如何為了你而出現，神為了你成為人類，你正是那生物，能夠跟居於天上並統領天界、凌駕於所有權力及榮耀之上的

基督對話的生物，神到底賦予了你多少的榮耀、特權跟好處？你透過思考接觸星空，理解星星的動態及光芒，你跟天使對話，就像神本身一樣，你讓所有生物都在你的管治之下，並讓所有惡魔被征服，因此，不要爲了一些不完美的享樂，而讓你的本質蒙羞或失禮，或讓自己不值得得到這些禮物，甚至剝奪這些神所給予的偉大力量、光榮及恩寵。

　　在理解神，並在侍奉神的過程中思考了自己所處境地之後，你現在可以接受我希望你能在實踐中學會的各種指引，你要每天與上天交談，按照神性的形象教導和形成你的思想；學習所有的美德，而且要好好的學；要有人性、有禮、熟悉所有人、平易近人、當看到殘酷的星盤時不要把恐懼加諸於可憐的人身上，在這些情況下，要讓他們逐步了解自己的艱難命運，引導他們轉向上帝，轉移神對他們所進行的判決；要謙虛，跟學識淵博、文明、清醒的人對話，不要貪圖別人的財產；無償地施予窮人，無論是金錢還是星盤判斷；不要讓自己因任何世俗的財富而提供錯誤的星盤判斷，因爲會讓這項技藝或這門神聖的學問蒙羞；愛惜好人，要珍惜那些誠懇地研究這門學問的好人，要不遺餘力地對你的國家聯合體作出判斷，不要判斷你的王子的死亡，但我透過反覆的實驗知道，國王受到繁星的管治；迎娶屬於你的妻子，對自己朋友的數量感到高興，避免法律和爭議；在你的研究中，你應該專注於這門技藝，不要貪心或渴望學習每一門學問，不要每種學問都只學一丁點，要忠誠、頑強，不要背叛任何人或透露他們的祕密。不、不！我要求你絕不洩露朋友或敵人對你的信任。指引所有人過上好日子，要以身作則成爲一個好的榜樣，不要追流行，愛自己的

祖國，不要責怪任何人，即使是敵人；不要因說錯話而沮喪，良心有一千個證人。神不會讓任何罪逍遙法外，也沒有任何謊言不會被報復。

目　錄

星曆

JANUARY hath xxxi. dayes.

The daily Motion of the Planets and ☊.

		M	D	M	D	M	A			M	D	M	D				
		♄		♃		♂		☉		♀		☿		☽		☊	
		♈		♊		♑		♑		♓		♒		♏		♌	
1	a	27	48	28 R	12	10	5	21	34	5	7	5	29	21	23	12	34
2	b	27	50	28	6	10	51	22	35	6	17	7	8	3 ♐	17	12	45
3	c	27	52	27	59	11	37	23	36	7	26	8	44	15	8	12	42
4	D	27	54	27	53	12	23	24	37	8	35	10	18	26	59	12	24
5	e	27	56	27	46	13	9	25	38	9	44	11	49	8 ♑	54	11	52
6	f	27	58	27	40	13	55	26	39	10	53	13	18	20	54	11	10
7	g	28	0	27	34	14	41	27	41	12	2	14	45	3 ♒	1	10	24
8	a	28	2	27	28	15	27	28	42	13	10	16	10	15	17	9	24
9	b	28	4	27	22	16	17	29	43	14	18	17	33	27	44	9	9
10	c	28	6	27	17	17	0	0 ♒	44	15	26	18	50	10 ♓	23	8	50
11	D	28	9	27	11	17	46	1	46	16	34	20	2	23	14	8	49
12	e	28	11	27	6	18	32	2	47	17	42	21	7	6 ♈	18	9	6
13	f	28	14	27	1	19	19	3	48	18	50	22	6	19	38	9	36
14	g	28	17	26	56	20	5	4	49	19	57	23	0	3 ♉	15	10	17
15	a	28	20	26	51	20	51	5	50	21	4	23	47	17	9	10	59
16	b	28	23	26	46	21	37	6	51	22	11	24	25	1 ♊	22	11	34
17	c	28	26	26	42	22	2	7	52	23	17	24	47	15	52	11	55
18	D	28	29	26	37	23	10	8	53	24	23	24	57	2 ♋	34	11	54
19	e	28	32	26	33	23	56	9	54	25	29	25	0	15	23	11	29
20	f	28	36	26	29	24	43	10	55	26	35	24 R	53	0 ♌	11	10	44
21	g	28	39	26	24	25	29	11	56	27	41	24	33	14	50	9	49
22	a	28	43	25	21	26	15	12	57	28	47	23	53	29	12	8	58
23	b	28	46	26	17	27	2	13	58	29	52	23	9	13 ♍	18	8	22
24	c	28	50	26	13	27	48	14	58	0 ♈	57	22	21	26	59	8	5
25	D	28	54	16	10	28	35	15	59	2	2	21	29	10 ♎	15	8	[illegible]
26	e	28	58	26	7	29	21	16	59	3	6	20	33	23	9	8	27
27	f	29	2	26	4	0 ♒	8	18	0	4	10	19	33	5 ♏	36	8	58
28	g	29	6	26	2	0	54	19	1	5	14	18	26	17	49	9	33
29	a	29	11	25	59	1	41	20	2	6	18	17	14	29	48	10	9
30	b	29	15	25	57	2	28	21	3	7	21	15	58	11 ♐	39	10	38
31	c	29	20	25	55	3	4	22	4	8	24	14	50	23	27	11	1
lat	1	2	31	0	5	0	47			1	13	1	45				
of	10	2	29	0	4	0	51			0	39	0	26				
pla	20	2	26	0	2	0	55			0 S	9	2 S	10				

星曆月相表

		| JANUARY 1646.						The Planets Mutuall Aspects.

JANUARY 1646.

The Lunar Aspects.

		♄	♃	♂	☉	♀	☿	The Planets Mutuall Aspects.
		Occid.	Occid.	Orient.		Occid.	Occid.	
1	a				✶ 0			
2	b					□ 6	△ 9	
3	c	△ 2	♂ 2					✶ ♄ ♃ 21
4	☽							☽ Apog.
5	e			♂ 9		✶ 2		[Eclip. ☉
6	f	□ 14			♂ 11:48			Vc ☉ ♃ SS ♂ ☿
7	g							□ ☉ ♄ 8　☽ ☿
8	a		△ 23				♂ 2	
9	b	✶ 0						
10	c			✶ 14		♂ 11		
11	☽		□ 7		✶ 17			
12	e			□ 23				☿ in Elong.Max
13	f	♂ 15	✶ 13				✶ 5	✶ ♂ ♀ 9
14	g				□ 25			
15	a			△ 6		✶ 7	□ 12	
16	b				△ 10			
17	c	✶ 20	♂ 17			□ 13	△ 1 5	
18	☽							SS ♀ ☿ ☽ Perig
19	e	□ 21		♂ 14		△ 18		□ ♃ ♀ 22
20	f				♂ 18			
21	g	△ 23	✶ 19				♂ 15	SS ♄ ♀ ☽ ☊ E-
22	a							Vc ☿ ♂ [clip.totall
23	b		□ 23					
24	c			△ 1		♂ 8		
25	☽				△ 11		△ 19	□ ♄ ♂ ΠQ☉ ♄
26	e	♂ 11	△ 6	□ 13				
27	f						Orient.	♂ ☉ ☿ 17
28	g				□ 3.15		□ 1	
29	a			✶ 4		△ 13		
30	b				✶ 20		☼ 8	
31	c	△ 12	♂ 5					

宮位圖（一）

A Table of Houses for the Latitude of 52. degrees.					
☉ in ♈ Time from Noon.	10 House	11 House	12 House	1 House	2 House	3 House
Hora. Min.	deg. min. ♈	deg. min. ♉	deg. min. ♊	deg. min. ♋	deg. min. ♌	deg. min. ♍
0 0	0 0	12 51	28 55	27 2	16 7	4 31
0 4	1 0	14 1	29 46	27 42	16 47	5 17
0 7	2 0	15 11	0 ♋ 36	28 22	17 28	6 3
0 11	3 0	16 21	1 26	29 1	18 8	6 50
0 15	4 0	17 29	2 15	29 41	18 48	7 36
0 18	5 0	18 37	3 4	0 ♌ 21	19 28	8 23
0 22	6 0	19 44	3 53	1 0	20 8	9 9
0 26	7 0	20 51	4 42	1 39	20 48	9 56
0 29	8 0	21 59	5 29	2 18	21 27	10 42
0 33	9 0	23 6	6 18	2 58	22 8	11 30
0 37	10 0	24 12	7 6	3 38	22 48	12 17
0 40	11 0	25 16	7 53	4 17	23 27	13 3
0 44	12 0	26 22	8 40	4 56	24 8	13 51
0 48	13 0	27 26	9 27	5 35	24 48	14 37
0 52	14 0	28 30	10 12	6 14	25 28	15 24
0 55	15 0	29 34	10 59	6 54	26 9	16 11
0 59	16 0	0 ♊ 37	11 45	7 32	26 50	16 59
1 3	17 0	1 38	12 30	8 12	27 30	17 46
1 6	18 0	2 41	13 16	8 52	28 11	18 33
1 10	19 0	3 43	14 1	9 31	28 52	19 21
1 14	20 0	4 45	14 47	10 10	29 33	20 9
1 18	21 0	5 45	15 32	10 49	0 ♍ 14	20 57
1 21	22 0	6 46	16 17	11 29	0 55	21 45
1 25	23 0	7 46	17 2	12 8	1 36	22 32
1 29	24 0	8 46	17 46	12 47	2 17	23 20
1 33	25 0	9 46	18 31	13 27	2 58	24 9
1 36	26 0	10 46	19 16	14 7	3 40	24 58
1 40	27 0	11 45	20 1	14 46	4 22	25 46
1 44	28 0	12 45	20 45	15 26	5 3	26 35
1 48	29 0	13 44	21 29	16 5	5 45	27 23
1 52	30 0	14 41	22 13	16 45	6 26	28 12

宮位圖（二）

A Table of Houses for the Latitude of 52. degrees.

☉ in ♉	10 House		11 House		12 House		1 House		2 House		3 House	
Time frō Noon.	deg.	min.	deg.	min.	deg.	min.	deg.	min.	deg.	min.	deg.	min.
Ho. Min.	♉		Ⅱ		♋		♌		♍		♍	
1 52	0	0	14	41	22	13	16	45	6	26	28	12
1 55	1	0	15	38	22	57	17	25	7	8	29	1
1 59	2	0	16	36	23	42	18	5	7	50	29	50
2 3	3	0	17	33	24	27	18	45	8	33	0 ♎	40
2 7	4	0	18	29	25	10	19	25	9	14	1	29
2 11	5	0	19	26	25	55	20	5	9	57	2	19
2 15	6	0	20	23	26	38	20	45	10	39	3	8
2 19	7	0	21	20	27	23	21	26	11	23	3	58
2 22	8	0	22	17	28	7	22	7	12	6	4	48
2 26	9	0	23	13	28	51	22	47	12	48	5	38
2 30	10	0	24	9	29	35	23	27	13	31	6	28
2 34	11	0	25	5	0 ♌	19	24	8	14	14	7	19
2 38	12	0	26	1	1	4	24	49	14	58	8	9
2 42	13	0	26	56	1	47	25	30	15	41	8	59
2 46	14	0	27	51	2	32	26	12	16	25	9	50
2 50	15	0	28	46	3	16	26	53	17	8	10	40
2 54	16	0	29	41	4	1	27	34	17	52	11	32
2 58	17	0	0 ♋	38	4	46	28	17	18	36	12	24
3 2	18	0	1	33	5	30	28	58	19	21	13	14
3 6	19	0	2	27	6	15	29	40	20	5	14	6
3 10	20	0	3	22	7	0	0 ♍	23	20	50	14	57
3 14	21	0	4	17	7	45	1	5	21	34	15	49
3 18	22	0	5	11	8	30	1	47	22	19	16	40
3 22	23	0	6	5	9	15	2	29	23	4	17	32
3 26	24	0	6	59	10	0	3	12	23	49	18	24
3 30	25	0	7	53	10	44	3	54	24	35	19	16
3 35	26	0	8	48	11	30	4	37	25	20	20	8
3 39	27	0	9	43	12	15	5	20	26	6	21	1
3 43	28	0	10	36	13	1	6	3	26	51	21	53
3 47	29	0	11	30	13	46	6	46	27	31	22	46
3 51	30	0	12	24	14	31	7	29	28	23	23	38

宮位圖（三）

A Table of Houses for the Latitude of 52. degrees.

Γ in Ⅱ time from Noon. Ho. Min.		10 House deg. min. Ⅱ		11 House deg. min. ♋		12 House deg. min. ♌		1 House deg. min. ♍		2 House deg. min. ♍		3 House deg. min. ♎	
3	51	0	0	12	24	14	31	7	29	28	23	23	38
3	55	1	0	13	19	15	17	8	13	29	9	24	31
4	0	2	0	14	14	16	3	8	57	29	55	25	24
4	4	3	0	15	8	16	49	9	41	0 ♎	42	26	17
4	8	4	0	16	2	17	35	10	25	1	28	27	0
4	12	5	0	16	56	18	21	11	9	2	15	28	2
4	16	6	0	17	50	19	7	11	53	3	1	28	56
4	21	7	0	18	44	19	53	12	37	3	48	29	49
4	25	8	0	19	38	20	40	13	22	4	35	0 ♏	43
4	29	9	0	20	31	21	25	14	6	5	21	1	36
4	33	10	0	21	25	22	11	14	51	6	9	2	29
4	38	11	0	22	19	22	58	15	35	6	56	3	23
4	42	12	0	23	14	23	45	16	21	7	44	4	17
4	46	13	0	24	8	24	31	17	5	8	31	5	11
4	50	14	0	25	2	25	18	17	50	9	18	6	5
4	55	15	0	25	57	26	5	18	35	10	6	6	59
4	59	16	0	26	51	26	53	19	21	10	54	7	53
5	3	17	0	27	44	27	39	20	6	11	41	8	47
5	8	18	0	28	38	28	27	20	51	12	28	9	40
5	12	19	0	29	32	29	14	21	37	13	16	10	34
5	16	20	0	0 ♌	27	0 ♍	2	22	22	14	3	11	28
5	21	21	0	1	21	0	50	23	8	14	51	12	22
5	25	22	0	2	15	1	37	23	53	15	39	13	17
5	29	23	0	3	9	2	24	24	39	16	20	14	11
5	34	24	0	4	4	3	12	25	25	17	14	15	6
5	38	25	0	4	57	4	0	26	10	18	2	15	59
5	42	26	0	5	52	4	47	26	56	18	50	16	53
5	47	27	0	6	47	5	35	27	42	19	38	17	47
5	51	28	0	7	41	6	23	28	28	20	25	18	42
5	56	29	0	8	35	7	10	29	13	21	13	19	36
6	0	30	0	9	29	7	58	0 ♎	0	22	1	20	30

宮位圖（四）

A Table of Houses for the Latitude of 52. degrees.						
☉ in ♋ time from Noon.	10 House	11 House	12 House	1 House	2 House	3 House
Ho. Min.	deg. min. ♋	deg. min. ♌	deg. min. ♍	deg. min. ♎	deg. min. ♎	deg. min. ♏
6　0	0　0	9　29	7　58	0　0	22　1	20　30
6　4	1　0	10　24	8　47	0　46	22　50	21　25
6　9	2　0	11　18	9　34	1　32	23　37	22　19
6　13	3　0	12　12	10　22	2　17	24　24	23　12
6　18	4　0	13　7	11　10	3　4	25　12	24　7
6　22	5　0	14　1	11　58	3　49	26　0	25　2
6　26	6　0	14　54	12　45	4　35	26　47	25　56
6　31	7　0	15　49	13　33	5　21	27　35	26　51
6　35	8　0	16　43	14　21	6　7	28　23	27　45
6　39	9　0	17　37	15　9	6　52	29　10	28　39
6　44	10　0	18　32	15　56	7　37	29　58	29　33
6　48	11　0	19　26	16　44	8　23	0 ♏ 45	0 ♐ 27
6　52	12　0	20　20	17　31	9　8	1　33	1　22
6　57	13　0	21　13	18　19	9　54	2　20	2　16
7　1	14　0	22　7	19　6	10　39	3　7	3　9
7　5	15　0	23　1	19　54	11　24	3　55	4　3
7　10	16　0	23　55	20　42	12　10	4　42	4　57
7　14	17　0	24　49	21　28	12　54	5　28	5　51
7　18	18　0	25　42	22　15	13　39	6　15	6　46
7　22	19　0	26　37	23　4	14　24	7　2	7　40
7　27	20　0	27　30	23　51	15　9	7　48	8　35
7　31	21　0	28　24	24　38	15　54	8　35	9　29
7　35	22　0	29　17	25　25	16　37	9　20	10　22
7　39	23　0	0 ♍ 11	26　12	17　22	10　6	11　16
7　44	24　0	1　4	26　58	18　7	10　53	12　10
7　48	25　0	1　57	27　45	18　51	11　39	13　3
7　52	26　0	2　51	28　21	19　35	12　25	13　57
7　56	27　0	3　43	29　18	20　19	13　11	14　51
8　0	28　0	4　36	0 ♎ 4	21　3	13　59	15　46
8　5	29　0	5　29	0　51	21　47	14　43	16　41
8　9	30　0	6　22	1　37	22　31	15　29	17　31

宮位圖（五）

A Table of Houses for the Latitude of 52. degrees.

☉ in ♌ time from Noon. Ho. Min.		10 House ♌ deg. min.		11 House ♍ deg. min.		12 House ♎ deg. min.		1 House ♎ deg. min.		2 House ♏ deg. min.		3 House ♐ deg. min.	
8	9	0	0	6	22	1	37	22	31	15	29	17	35
8	13	1	0	7	14	2	23	23	14	16	14	18	29
8	17	2	0	8	7	3	9	23	57	16	59	19	23
8	21	3	0	8	59	3	54	24	40	17	44	20	17
8	25	4	0	9	51	4	39	25	23	18	30	21	12
8	30	5	0	10	44	5	25	26	6	19	15	22	7
8	34	6	0	11	36	6	10	26	48	20	0	23	1
8	38	7	0	12	28	6	55	27	31	20	44	23	55
8	42	8	0	13	19	7	41	28	13	21	29	24	49
8	46	9	0	14	11	8	25	28	55	22	15	25	43
8	50	10	0	15	2	9	10	29	37	23	0	26	37
8	54	11	0	15	54	9	55	0 ♏ 19		23	45	27	33
8	58	12	0	16	45	10	39	1	1	24	29	28	27
9	2	13	0	17	36	11	23	1	43	25	14	29	22
9	6	14	0	18	28	12	8	2	25	25	59	0 ♑ 18	
9	10	15	0	19	20	12	52	3	7	26	44	1	14
9	14	16	0	20	10	13	35	3	48	27	28	2	8
9	18	17	0	21	1	14	19	4	29	28	12	3	4
9	22	18	0	21	51	15	2	5	10	28	56	3	59
9	26	19	0	22	41	15	45	5	51	29	40	4	54
9	30	20	0	23	32	16	28	6	32	0 ♐ 25		5	50
9	34	21	0	24	22	17	12	7	13	1	9	6	46
9	38	22	0	25	12	17	54	7	53	1	52	7	42
9	41	23	0	26	2	18	37	8	34	2	37	8	40
9	45	24	0	26	51	19	20	9	15	3	22	9	37
9	49	25	0	27	41	20	3	9	55	4	5	10	33
9	53	26	0	28	31	20	45	10	35	4	49	11	30
9	57	27	0	29	20	21	27	11	14	5	33	12	26
10	1	28	0	0 ♎ 9		22	9	11	55	6	18	13	24
10	5	29	0	0	59	22	52	12	35	7	2	14	22
10	8	30	0	1	48	23	33	13	14	7	47	15	19

宮位圖（六）

A Table of Houses for the Latitude of 52. degrees.

⊙ in ♍ time from Noon. Ho. Min.	10 House deg. min. ♍	11 House deg. min. ♎	12 House deg. min. ♎	1 House deg. min. ♏	2 House deg. min. ♐	3 House deg. min. ♑
10 8	0 0	1 48	23 33	13 14	7 47	15 9
10 12	1 0	2 37	24 15	13 54	8 31	16 16
10 16	2 0	3 25	24 56	14 34	9 15	17 15
10 20	3 0	4 13	25 38	15 14	9 59	18 14
10 24	4 0	5 2	26 20	15 53	10 44	19 14
10 27	5 0	5 50	27 1	16 33	11 28	20 14
10 31	6 0	6 39	27 42	17 12	12 13	21 14
10 35	7 0	7 27	28 23	17 51	12 57	22 14
10 39	8 0	8 15	29 4	18 31	13 42	23 14
10 42	9 0	9 3	29 46	19 10	14 28	24 15
10 46	10 0	9 51	0 ♏ 27	19 49	15 13	25 15
10 50	11 0	10 38	1 8	20 29	15 58	26 17
10 54	12 0	11 26	1 49	21 8	16 44	27 19
10 57	13 0	12 14	2 30	21 48	17 29	28 21
11 1	14 0	13 1	3 10	22 27	18 15	29 23
11 5	15 0	13 49	3 51	23 6	19 1	0 ♒ 26
11 8	16 0	14 36	4 32	23 46	19 47	1 30
11 12	17 0	15 23	5 12	24 25	20 33	2 33
11 16	18 0	16 9	5 52	25 3	21 19	3 37
11 20	19 0	16 57	6 32	25 43	22 7	4 43
11 23	20 0	17 43	7 12	26 22	22 54	5 48
11 27	21 0	18 30	7 52	27 1	23 42	6 54
11 31	22 0	19 18	8 32	27 41	24 30	8 1
11 34	23 0	20 4	9 12	28 21	25 18	9 8
11 38	24 0	20 51	9 52	29 0	26 7	10 16
11 42	25 0	21 37	10 32	29 39	26 56	11 23
11 45	26 0	22 24	11 12	0 ♐ 19	27 45	12 31
11 49	27 0	23 10	11 52	0 58	28 34	13 39
11 53	28 0	23 57	12 32	1 38	29 23	14 48
11 56	29 0	24 42	13 12	2 18	0 ♑ 14	15 59
12 0	30 0	25 29	13 53	2 58	1 5	17 9

C

宮位圖（七）

A Table of Houses for the Latitude of 52. degrees.

(·) in ♎	10 House		11 House		12 House		1 House		2 House		3 House	
time from Noon.	deg.	min.	deg.	min.	deg.	min.	deg.	min.	deg.	min.	deg.	min.
Ho. Min.	♎		♎		♏		♐		♑		♒	
12 0	0	0	25	29	13	53	2	58	1	5	17	9
12 4	1	0	26	15	14	33	3	37	1	56	18	21
12 7	2	0	27	1	15	13	4	17	2	48	19	32
12 11	3	0	27	47	15	53	4	58	3	40	20	45
12 15	4	0	28	34	16	33	5	38	4	33	21	57
12 18	5	0	29	20	17	13	6	10	5	26	23	11
12 22	6	0	0 ♏	6	17	53	7	1	6	20	24	24
12 26	7	0	0	52	18	33	7	41	7	15	25	38
12 29	8	0	1	38	19	14	8	22	8	10	26	53
12 33	9	0	2	25	19	55	9	4	9	6	28	11
12 37	10	0	3	12	20	35	9	46	10	2	29	26
12 40	11	0	3	57	21	15	10	27	10	59	0 ♓	43
12 44	12	0	4	44	21	57	11	10	11	58	2	1
12 48	13	0	5	30	22	38	11	51	12	57	3	19
12 52	14	0	6	17	23	18	12	34	13	56	4	37
12 55	15	0	7	3	24	0	13	17	14	57	5	57
12 59	16	0	7	50	24	41	14	1	15	58	7	17
13 3	17	0	8	36	25	22	14	44	16	59	8	37
13 6	18	0	9	22	26	4	15	27	18	2	9	58
13 10	19	0	10	8	26	45	16	12	19	7	11	19
13 14	20	0	10	55	27	27	16	55	20	13	12	42
13 18	21	0	11	42	28	9	17	41	21	20	14	4
13 21	22	0	12	29	28	51	18	27	22	29	15	29
13 25	23	0	13	16	29	33	19	12	23	37	16	52
13 29	24	0	14	2	0 ♐	15	19	57	24	45	18	16
13 33	25	0	14	50	0	58	20	44	25	56	19	40
13 36	26	0	15	37	1	40	21	32	27	9	21	6
13 40	27	0	16	24	2	23	22	19	28	23	22	31
13 44	28	0	17	11	3	7	23	7	29	33	23	57
13 48	29	0	17	58	3	49	23	56	0 ♒	55	25	22
13 52	30	0	18	46	4	32	24	44	2	12	26	49

宮位圖（八）

A Table of Houses for the Latitude of 52. degrees.

☉ in ♏ Time frō Noon. Ho.Min.	10 House deg. min. ♏	11 House deg. min. ♏	12 House deg. min. ♐	1 House deg. min. ♐	2 House deg. min. ♒	3 House deg. min. ♓
13 52	0 0	18 46	4 32	24 44	2 12	26 49
13 55	1 0	19 33	5 16	25 34	3 32	28 15
13 59	2 0	20 21	6 1	26 25	4 54	29 43
14 3	3 0	21 9	6 45	27 16	6 19	1 ♈ 11
14 7	4 0	21 57	7 29	28 7	7 42	2 37
14 11	5 0	22 44	8 14	28 59	9 7	4 6
14 15	6 0	23 32	8 59	29 52	10 35	5 33
14 19	7 0	24 22	9 45	0 ♑ 46	12 6	7 1
14 22	8 0	25 11	10 31	1 41	13 38	8 30
14 26	9 0	25 59	11 16	2 36	15 10	9 57
14 30	10 0	26 48	12 3	3 32	16 45	11 25
14 34	11 0	27 38	12 49	4 29	18 23	12 52
14 38	12 0	28 27	13 37	5 26	20 3	14 20
14 42	13 0	29 16	14 24	6 25	21 45	15 48
14 46	14 0	0 ♐ 6	15 12	7 25	23 30	17 16
14 50	15 0	0 55	16 0	8 26	25 14	18 44
14 54	16 9	1 45	16 48	9 28	27 3	20 10
14 58	17 0	2 36	17 38	10 33	28 54	21 38
15 2	18 0	3 26	18 28	11 38	0 ♓ 45	23 6
15 6	19 0	4 16	19 17	12 43	2 37	24 31
15 10	20 0	5 7	20 8	13 51	4 33	25 58
15 14	21 0	5 58	20 59	15 0	6 31	27 24
15 18	22 0	6 50	21 51	16 10	8 31	28 50
15 22	23 0	7 41	22 43	17 21	10 32	0 ♉ 15
15 26	24 0	8 33	23 35	18 33	12 35	1 39
15 30	25 0	9 24	24 29	19 48	14 39	3 4
15 35	26 0	10 17	25 23	21 5	16 47	4 28
15 39	27 0	11 9	26 17	22 23	18 56	5 52
15 43	28 0	12 2	27 12	23 43	21 4	7 15
15 47	29 0	12 54	28 8	25 5	23 12	8 36
15 51	30 0	13 47	29 3	26 30	25 21	9 59

C 2

宮位圖（九）

A Table of Houses for the Latitude of 52. degrees.

☉ in ♐		10 House ♐		11 House ♐		12 House ♐		1 House ♑		2 House ♓		3 House ♉	
Time frō Noon.		deg.	min.	deg.	min.	deg.	min.	deg.	min.	deg.	min.	deg.	min.
Ho.	Min.												
15	51	0	0	13	47	29	3	26	30	25	21	9	59
15	55	1	0	14	41	0 ♑	1	27	57	27	33	11	21
16	0	2	0	15	35	0	59	29	26	29	49	12	43
16	4	3	0	16	30	1	58	0 ♒	57	2 ♈	2	14	4
16	8	4	0	17	25	2	57	2	31	4	14	15	24
16	12	5	0	18	20	3	57	4	8	6	26	16	43
16	16	6	0	19	15	4	58	5	46	8	35	18	1
16	21	7	0	20	10	6	1	7	29	10	47	19	19
16	25	8	0	21	7	7	4	9	13	13	0	20	38
16	29	9	0	22	2	8	7	11	0	15	10	21	55
16	33	10	0	22	59	9	11	12	51	17	21	23	12
16	38	11	0	23	56	10	16	14	42	19	30	24	28
16	42	12	0	24	53	11	24	16	41	21	39	25	45
16	46	13	0	25	50	12	32	18	41	23	44	27	0
16	50	14	0	26	47	13	41	20	44	25	48	28	14
16	55	15	0	27	46	14	51	22	52	27	52	29	28
16	59	16	0	28	45	16	2	25	2	29	57	0 ♊	41
17	3	17	0	29	44	17	13	27	12	1 ♉	49	1	53
17	8	18	0	0 ♑	44	18	28	29	28	3	47	3	5
17	12	19	0	1	44	19	43	1 ♓	49	5	44	4	17
17	16	20	0	2	44	21	1	4	11	7	28	5	28
17	21	21	0	3	45	22	19	6	35	9	31	6	34
17	25	22	0	4	46	23	38	9	2	11	22	7	47
17	29	23	0	5	47	24	57	11	32	13	10	8	57
17	34	24	0	6	50	26	20	14	7	14	57	10	6
17	38	25	0	7	53	27	44	16	42	16	38	11	14
17	42	26	0	8	56	29	11	19	21	18	51	12	23
17	47	27	0	10	0	0 ♒	37	21	57	20	1	13	30
17	51	28	0	11	4	2	5	24	37	21	38	14	36
17	56	29	0	12	8	3	36	27	17	23	13	15	41
18	0	30	0	13	13	5	10	0 ♈	0	24	50	16	47

宮位圖（十）

A Table of Houses for the Latitude of 52. degrees.

⊙ in ♑ time from Noon. Ho. Min	10 House deg. min. ♑		11 House deg. min. ♑		12 House deg. min. ♒		1 House deg. min. ♈		2 House deg. min. ♉		3 House deg. min. ♊	
18 0	0	0	13	13	5	10	0	0	24	50	16	47
18 4	1	0	14	19	6	47	2	42	26	24	17	52
18 9	2	0	15	24	8	22	5	22	27	54	18	56
18 13	3	0	16	29	9	58	8	2	29	23	20	0
18 18	4	0	17	38	11	40	10	40	0 ♊	51	21	4
18 22	5	0	18	45	13	21	13	17	2	16	22	7
18 26	6	0	19	54	15	3	15	52	3	39	23	9
18 31	7	0	21	3	16	50	18	28	5	2	24	12
18 35	8	0	22	13	18	38	20	58	6	21	25	14
18 39	9	0	23	22	20	29	23	24	7	40	26	15
18 44	10	0	24	32	22	22	25	49	8	59	27	16
18 48	11	0	25	42	24	16	28	11	10	16	28	16
18 52	12	0	26	54	26	13	0 ♉	32	11	32	29	16
18 57	13	0	28	7	28	11	2	47	12	46	0 ♊	16
19 1	14	0	29	19	0 ♓	7	5	0	13	58	1	14
19 5	15	0	0 ♒	31	2	8	7	8	15	9	2	13
19 10	16	9	1	46	4	11	9	15	16	19	3	12
19 14	17	0	3	0	6	15	11	19	17	28	4	10
19 18	18	0	4	15	8	21	13	19	18	36	5	7
19 22	19	0	5	32	10	30	15	17	19	43	6	4
19 27	20	0	6	48	12	39	17	9	20	49	7	1
19 31	21	0	8	5	14	49	19	0	21	53	7	50
19 35	22	0	9	22	17	0	20	47	22	56	8	53
19 39	23	0	10	40	19	12	22	31	23	59	9	50
19 44	24	0	11	59	21	25	24	14	25	2	10	45
19 48	25	0	13	17	23	34	25	52	26	3	11	40
19 52	26	0	14	36	25	45	27	28	27	3	12	35
19 56	27	0	15	16	27	58	29	3	28	2	13	29
20 0	28	0	17	17	0 ♈	13	0 ♊	34	29	1	14	24
20 5	29	0	18	39	2	27	2	3	29	59	15	19
20 9	30	0	20	1	4	39	3	30	0 ♋	56	16	13

宮位圖（十一）

A Table of Houses for the Latitude of 52. degrees.											
In ≈ Time from Noon. Ho. Min.		10 House ≈ deg. min.		11 House ≈ deg. min.		12 House ♈ deg. min.		1 House Ⅱ deg. min.		2 House ♋ deg. min.		3 House ♋ deg. min.

Ho. Min.		10		11		12		1		2		3	
10	9	0	0	20	1	4	39	3	30	0	56	16	13
10	13	1	0	21	23	6	48	4	54	1	52	17	6
10	17	2	0	22	45	8	56	6	17	2	47	17	58
10	2	3	0	24	8	11	4	7	37	3	43	18	51
10	25	4	0	25	31	13	12	8	55	4	37	19	43
10	30	5	0	26	56	15	21	10	12	5	31	20	35
10	3	6	0	28	20	17	25	11	26	6	24	21	27
10	38	7	0	29	45	19	28	12	39	7	17	22	18
10	42	8	0	1 ♓ 1		21	29	13	49	8	9	23	10
10	46	9	0	2	36	23	29	15	0	9	1	24	2
10	50	10	0	4	1	25	27	16	9	9	52	24	53
10	54	11	0	5	28	27	23	17	16	10	42	25	44
10	58	12	0	6	54	29	15	18	22	11	32	26	34
11	2	13	0	8	21	1 ♉ 5		19	27	12	21	27	24
11	6	14	0	9	50	2	56	20	31	13	11	28	15
11	10	15	0	11	16	4	45	21	34	14	0	29	5
11	14	16	0	12	43	6	30	22	34	14	48	29	54
11	18	17	0	14	12	8	14	23	35	15	36	0 ♌ 44	
11	22	18	0	15	39	9	56	24	33	16	23	1	33
11	26	19	0	17	7	11	37	25	31	17	10	2	22
11	30	20	0	18	35	13	14	26	27	17	56	3	12
11	34	21	0	20	3	14	50	27	23	18	43	4	1
11	38	22	0	21	30	16	21	28	19	19	29	4	48
11	41	23	0	22	58	17	54	29	14	20	15	5	38
11	45	24	0	34	27	19	24	0 ♋ 8		21	1	6	27
11	49	25	0	25	54	20	52	1	1	21	45	7	15
11	53	26	0	27	22	22	17	1	53	22	30	8	3
11	57	27	0	28	49	23	41	2	44	23	14	8	51
11	1	28	0	0 ♈ 16		25	6	3	35	23	59	9	31
11	5	29	0	1	44	26	28	4	26	24	44	10	27
11	8	30	0	3	11	27	47	5	15	25	27	11	14

宮位圖（十二）

☉ in ♓	10 House	11 House	12 House	1 House	2 House	3 House
time from Noon.	deg. min.	deg. min.	deg. min.	deg. min.	deg. min.	deg. min.
Ho. Min.	♓	♈	♉	♋	♋	♌
22 8	0 0	3 11	27 47	5 15	25 27	11 14
22 12	1 0	4 37	29 5	6 4	26 10	12 1
22 16	2 0	6 3	0 ♉ 21	6 52	26 53	12 48
22 20	3 0	7 28	1 36	7 40	27 36	13 36
22 24	4 0	8 54	2 51	8 28	28 19	14 23
22 27	5 0	10 19	4 4	9 15	29 2	15 10
22 31	6 0	11 44	5 15	10 2	29 45	15 57
22 35	7 0	13 7	6 23	10 48	0 ♌ 27	16 44
22 39	8 0	14 31	7 30	11 33	1 9	17 31
22 42	9 0	15 55	8 39	12 19	1 51	18 18
22 46	10 0	17 18	9 47	13 4	2 33	19 5
22 50	11 0	18 41	10 53	13 47	3 15	19 52
22 54	12 0	20 1	11 58	14 31	3 56	20 38
22 57	13 0	21 23	13 1	15 16	4 38	21 24
23 1	14 0	22 42	14 2	15 59	5 18	22 10
23 5	15 0	24 3	15 3	16 43	6 0	22 57
23 8	16 0	25 23	16 4	17 26	6 41	23 43
23 12	17 0	26 40	17 3	18 8	7 22	24 29
23 16	18 0	27 58	18 2	18 50	8 3	25 16
23 20	19 0	29 17	19 1	19 32	8 44	26 2
23 23	20 0	0 ♉ 33	19 50	20 14	9 25	26 48
23 27	21 0	1 49	20 54	20 55	10 5	27 35
23 31	22 0	3 7	21 50	21 37	10 46	28 22
23 34	23 0	4 22	22 44	21 18	11 26	29 7
23 38	24 0	5 36	23 39	22 59	12 6	29 54
23 42	25 0	6 49	24 33	23 40	12 47	0 ♍ 40
23 45	26 0	8 2	25 27	24 21	13 27	1 26
23 49	27 0	9 15	26 20	25 2	14 7	2 13
23 53	28 0	10 27	27 12	25 42	14 47	2 59
23 56	29 0	11 39	28 4	26 22	15 27	3 45
24 0	30 0	12 51	28 55	27 2	16 7	4 21

Chapter 1

行星、星座及相位的數目，
以及其不同的名稱和特性

首先，你必須知道七顆行星，它們的名字及符號如下：

土星 ♄、木星 ♃、火星 ♂、太陽 ☉、金星 ♀、水星 ☿ 及月亮 ☽；此外還有以 ☊ 標示的龍頭，以及以 ☋ 爲標示的龍尾；☊ 及 ☋ 都不是行星，它們是月亮交點。

此外還有十二個星座：牡羊 ♈、金牛 ♉、雙子 ♊、巨蟹 ♋、獅子 ♌、處女 ♍、天秤 ♎、天蠍 ♏、射手 ♐、摩羯 ♑、水瓶 ♒ 及雙魚 ♓：行星們持續移動並通過這十二個星座，而且永遠都會落在其中的某一度數之中。在繼續閱讀下文之前，你必須先完全準確地分辨出各行星及星座的符號，與以下這些相位符號，它們分別是：✳、□、△、☍、☌。

你必須知道，每個星座都佔了 30 度經度，而每一度有 60 分；起始

的星座爲牡羊座，並順序緊接著。所以，整個黃道共有 360 度，♉2 度等同黃道的 32 度，♉10 度則是黃道的 40 度，而這種順序適用於全部十二個星座。然而，你必須從行星於黃道上的某位置計算出它的相位，例如當 ♄ 在 Ⅱ10 度，那麼我就要知道在它的左方哪個度數能夠形成一個六分相：由 ♈ 到 Ⅱ10 度之間，根據經度的標示，我發現 ♄ 正位處於黃道的 70度，然後如果我在 70 之上加上 60，答案會是 130，答案也就是獅子座 10度，這也正是跟 ♄ 形成 ✶ 相位，或是跟任何位於該位置的行星形成此相位的位置。

當兩顆行星彼此距離爲 60 度，我們會說它們形成了六分相，並且以 ✶ 表示。

當兩顆行星彼此相距爲 90 度，我們會把這稱之爲四分相 [44]，並且以 □ 表示。

當兩顆行星彼此相距爲 120 度，我們會把這稱之爲三分相，並且以 △ 表示。

當兩顆行星彼此相距爲 180 度，我們會把這稱之爲對分相，並且以 ☍ 表示。

當兩顆行星位於任何星座同一度同一分之內，我們把這稱之爲合相，並以 ☌ 表示。

44　於原文中，四分相英文爲Quartill，但現今多稱之爲Square。

相位名稱	相距度數	符號
六分相	60 度	✳
四分相	90 度	□
三分相	120 度	△
對分相	180 度	☍
合相	0 度	☌

所以，當你發現 ♄ 在 ✳5 度，而 ☽ 或其他行星正在 ♊5 度，那麼你應該說它們形成了 ✳，因爲它們彼此相距 60 度，而這相位算是一般的好。

如果 ♄ 在 ♈1 度，而另一顆行星在 ♋1 度，你可以說它們形成了 □，因爲它們在黃道上有著 90 度的距離：這相位本質上充滿憤怒，也不是好的相位。

如果 ♄ 在 ♈1 度，而另一顆行星在 ♌1 度，它們就會相距 120 度，彼此形成了 △：這相位意味著團結、和諧及友好。

如果 ♄ 在 ♈1 度，而另一顆行星在 ♎1 度，這時候它們相距 180 度，並被稱之爲 ☍；這是一個壞的相位，而你也必須留心注意哪些星座彼此對分；因爲欠缺這知識的話，你將不能建立星盤。

當 ♄ 在 ♈1 度，而任何其他行星位於同一度數，它們會被稱之爲 ☌，而這相位可以是好也可以是壞，視乎問題本質而定。

　　互相對分的星座爲：

　　也就是 ♈ 跟 ♎ 對分、♎ 也跟 ♈ 對分；♉ 跟 ♏ 對分、♏ 也跟 ♉ 對分，並以它們的位置如此類推。

　　我應該已經讓所有人好好地、輕易地理解了上述的內容，大家也將因此能夠相當輕鬆地理解星曆：它不是甚麼特別的東西，只是一本以度和分、十二星座及經緯度，去記載行星一年當中每天中午以及每小時眞實位置的書，度量方法是透過修正和計算。

　　我加插了一六四六年一月的星曆，並在它之後加入了緯度 52 度的宮位表，這應該顧及到紐瓦克[45] 這邊的整個大英帝國，而且不會有明顯的誤差。這安排是爲了用它們去學習星曆的用法與及建立星盤時的態度和方法，沒有這些材料，我們將不能於占星學之中知道任何東西，也不能使用占星學去做任何事。

45　紐瓦克（Newark upon Trent）是位於諾丁漢（Nottingham）的小鎮。於英國內戰（也正是本書被完成的年代）期間，紐瓦克是皇家主要據點之一。

Chapter 2

星曆的使用

　　請參考星曆（下頁圖），表中最左邊的第一行告訴我們一月總共有三十一天。

　　表中從上往下數的第二列，你會看到「行星跟龍頭[46]每天的移動[47]」。

　　表中第三行 ♄ 符號之上，你會發現 M 和 D，M 意指「南方[48]的」，D 則是「下降[49]的」，也就是說，♄ 正位於南方的緯度，並且正在下降中。

　　再往下一欄，你會在 ♃ 之上找到 M 和 D，同樣說明木星正位於南方

46　龍頭（Dragon Heads）意指月亮交點。
47　也就是星曆上The daily Motion of the Planets and ☊一欄。
48　原文用字為Meridional。
49　原文用字為Descending。

JANUARY hath xxxi. dayes.

The daily Motion of the Planets and ☊.

星曆。

的緯度，並且正在下降中。

在第三欄中，你會在♂之上找到 M 和 A，意指火星正位於南方的緯度，並且正在上升 [50] 中。

再往下一欄，☉永遠不會有任何緯度。

在太陽之後的下一欄，你會找到♀及☿，以及它們所標示的緯度；如果你看到任何行星的緯度是 S 和 A 或 S 和 D，這表示該行星正位於北方的 [51] 緯度，而且正如 A 或 D 所示，正在上升或下降中。

在第四列，你會看到♄♃♂☉♀☿☽☊；你必須知道的是，☋永遠都會在☊對分的星座及度數上，即使它永遠不會被列在星曆之中。

在第五列，你會看到♈♊♑♒♓♒♏♌，在♈上面有♄，表示土星

50　這裡的A代表Ascending（上升）。

51　原文用字為Seprentrional。

正在牡羊座；♊ 上面是 ♃，代表木星正在雙子座；接下來是 ♑ 及在其上面的 ♂，餘下所有行星也是如此標示。

在第六列的第一行，你會看到數字 1，顯示這是一月的第一天，而在其後往下排列的數字，正是該月份的日子。

在數字 1 旁邊，你會看到字母 a，它告訴你那是該星期的哪一天，而如果你查看該欄的話，你會看到大寫字母 D，那代表了一六四六年的星期日或主日[52]。

在一月一日那行的符號下面，你會看到 27 和 48，而在這上面你會看到 ♈，意思是在一月一日土星正在牡羊座的 27 度四十八分。在這裡你必須注意的是每 60 分即成為 1 度，而當任何行星越過了某星座的 30 度，它將依序進入下一個星座，在牡羊座之後是金牛座，金牛座之後是雙子座，以此類推。

在一月一日那行的第四欄，你會看到 28 R 12，在這上面是 ♊，再上面是 ♃，也就是說一月一日木星正在雙子座的 28 度 12 分，而字母 R 則表示木星正在逆行中[53]；假如你看到 Di 或 D 的話，則顯示該行星將會順行[54]。這些詞彙在本書中將會不斷出現。

52　這裡使用的是「主日字母（Dominical Letter）」，它用A到G代表一星期七天，A永遠代表一月一日。以一六四六年為例，星期日剛好是一月四日，所以一六四六年的主日或星期日為D。

53　R代表逆行Retrograde。

54　D或Di代表順行Direct

在第五欄你會看到 10 和 5，在此之上的 ♑ ♂，即火星於一月一日當天正在摩羯座的 10 度 5 分。

繼續往下看，你會看到 ☉ 正在 ♑ 的 21 度 34 分、♀ 正在 ♓ 的 5 度 7 分、☿ 正在 ♒ 的 5 度 29 分、☽ 正在 ♏ 的 21 度 23 分、☊ 正在 ♌ 的 12 度 34 分。

這個星曆一共有十數欄，第一欄是該月的日子，第二欄是日子的字母，第三欄是 ♄ 的度和分，第四欄是 ♃ 的度和分，接下來每一欄也如是記載著各行星的位置。

在一月十日那天 ☉ 一欄，你會看到 0 ♒ 14，它只是告訴你於當天正午時間，太陽將會在水瓶座的 0 度 44 分。

而在此表的最下方，於 1 一月三十一日之下你會看到 lat of pla，意指「行星的緯度」[55]。

在字母 C 下方，你會看到 1、10、20。

在 ♄ 一欄、數字 1 旁邊，你會看到 2 31，繼續往右看，♃ 一欄是 0 5，♂ 是 0 47，♀ 是 1 13，☿ 是 1 45。這裡的意思是，於一月一日當天，土星的緯度是 2 度 31 分，木星是 0 度 5 分，火星是 0 度 47 分，金星是 1 度 13 分，水星是 1 度 45 分。若想知道它在南或北，請把目光移回上方

55　lat of pla 全寫是 Latitude of Planets。

的第三列，你會看到 ♄ 上面的 M 和 D，那是南方及下降中的意思；而當你看到 S 時，則表示那是北方緯度，A 告訴你該行星的緯度上升中，而 D 則是下降中 56。

56　簡單説，行星於黃道上的位置是經度位置，而其緯度位置意指它正在黃道的南方或北方。

Chapter 3

披露星曆右頁的用法

此表共有八欄，第一欄裡面是該月日期，接下來的六欄載有月亮與其他行星所形成相位的態度、特質及名字；此外，還有它們於日間或夜間形成完美緊密相位的時間。第八欄只有 ♄ ♃ ♂ ☉ ♀ ☿ 之間互相形成的相位，以及它們於日間或夜間形成相位的時間。

在第四列，即 ♄ 的下方，你會看到 Occid.，意爲土

JANUARY 1646.

		The Lunar Aspects.						The Planets Mutuall Aspects.
		♄ Occid.	♃ Occid.	♂ Orient.	☉	♀ Occid.	☿ Occid.	
1	a				✶ 0			
2	b					□ 6	△ 9	
3	c							✶ ♄ ♃ 21
4	D	△ 2	☍ 2					☽ Apog.
5	e			☌ 9		✶ 2		[Eclip. ☉
6	f	□ 14			☌ 11:48			Vc ☉ ♃ SS ♂ ☿
7	g							□ ☉ ♄ 8 ☽ ☋
8	a		△ 23				☌ 2	
9	b	✶ 0						
10	c			✶ 14		☌ 11		
11	D		□ 7		✶ 17			
12	e			□ 23				☿ in Elong.Max
13	f	☌ 15	✶ 13				✶ 5	
14	g				□ 25			✶ ♂ ♀ 9
15	a			△ 6		✶ 7	□ 12	
16	b				△ 10			
17	c	✶ 20	☌ 17			□ 13	△ 15	
18	D							SS ♀ ☿ ☽ Perig
19	e	□ 21		☍ 14		△ 18		
20	f				☍ 18			□ ♃ ♀ 22
21	g	△ 23	✶ 19				☍ 15	SS ♄ ♀ ☽ ☊ E-
22	a							Vc ♃ ♂ [clip.totall
23	b		□ 23					
24	c			△ 1		☍ 8		
25	D				△ 11		△ 19	□ ♄ ♂ 11Q ☉ ♄
26	e	☍ 11	△ 6	□ 13				
27	f						Orient.	☌ ☉ ☿ 17
28	g				□ 3.15		□ 1	
29	a			✶ 4		△ 13		
30	b				✶ 20		✶ 8	
31	c	△ 12	☍ 5					

星正在 ☉ 的西方 [57]，又或是在它後面；因此，在木星一欄，你也會發現 Occid.，它所標示的意思也是一樣。

在 ♂ 之下你會看到 Orient.，意指火星正在太陽的東方或者正在它前面 [58]，這在任何時候意思都一樣。

爲了更清楚了解月亮與某行星形成相位的眞正時間，你要觀察所有記載於星曆的資料，計算出正午時分或中午十二點時行星的移動位置，同時你也必須知道，所有人都是從正午開始展開新的一天，也就是從一天的正午到第二天的正午之間的廿四小時。明白這一點之後，你必須接著了解相位，例子如下：

一六四六年一月一日，那天是星期四，在 ☉ 一欄你會看到 ⚹ 0，這裡的意思是太陽跟月亮於正午時分形成了六分相，並沒有任何下午時間。

在一六四六年一月二日星期五，在 ♀ 一欄你會看到 □ 6，而 ☿ 在同一天的右方，在 ☿ 一欄你會看到 △ 9，此外就沒有其他資料，意指一月二日當天下午六時，月亮會跟金星形成四分相，而在九時，它則會跟水星形成三分相。

在一六四六年一月六日星期二，在 ♄ 一欄你會看到 □ 14，意即在當天正午的十四小時後，月亮會跟土星形成四分相；在這裡，你可能會輕易

57　Occid.全寫是Occidental，意即西方。
58　Orient.全寫是Oriental，意即東方。

地發現，星期二當天正午的十四小時之後，其實就是星期三的凌晨二時。

接著，在 ☉ 一欄你會看到 ♂ 11：48，意思是月亮會在當天晚上十一時四十八分時跟太陽形成合相；在這裡，你必須知道月亮與太陽合相是一個新階段的開始，月亮在跟太陽合相之後形成的 ▫ 是上弦月，它跟太陽的 ☍ 是滿月，在 ☍ 之後的 ▫ 則是下弦月。

如果你還不明白的話，也就是說，十三小時即是下一天的一時、十四小時是二時、十五小時是凌晨三時、十六小時是四時、十七小時是早上五時、十八小時是六時、十九小時是七時、二十小時是早上八時、二十一小時是早上九時、二十二小時是之後一天的十時、二十三小時則是十一時，而我們永遠不會說「正午之後的廿四小時」，因為那就是正午；如果我們說「下午 00.00」，那就是正午或十二點，明白這些之後，你就不會犯下錯誤。

在表格的最後一欄「行星互相之間的相位（Planets Mutual Aspects）」中，在一月三日星期六這一列，你會看到 ✳ ♄ ♃ 21，這代表土星和木星會在正午的二十一小時之後形成六分相，也就是接下來星期日當天早上九時。

在四號那一列的最後一欄，你會看到 ☽ Apog.[59]，意思是「最接近地

59　全寫為apogeum，為波蘭文，英文為apoapsis，意指公轉軌道上距離重力中心最遠的一點。

球」；在十八號這一列最外面一欄，你會看到 ☽ Perig.[60]，意思是月亮「離地球最遠」。

在十二號那一列，同樣在最後一欄，你會看到 ☿ in Elong. Max.，全寫其實是 in Maxima Elongation[61]，或是說 ☿ 與 ☉ 形成最大距角或距離。

在一月六日那一列，你會在最後一欄找到 Vc ☉ ♃ SS ♂ ☿，意思是太陽及木星於該日形成了十二分之五相[62]，這個相位跨越了五個星座或相距 150 度。

SS 指半六分相[63]，並告訴你火星及水星互相形成了半六分相，這相位相距 30 度的距離。

在一月二十五日那一列，你會在最後面一欄看到 □ ♄ ♂ 11 以及 Q ☉ ♄，意思是於正午的十一小時之後，土星跟火星形成了四分相，而 Q ☉ ♄ 則告訴你太陽跟土星於當天形成了半四分相[64]；半四分相跨越的距離為兩個星座又 12 度，也就是兩行星相距 72 度。我們不常使用 ♂ 、＊ 、□ 、△ 、☍ 以外的相位，而上述相位的由來，是基於一名有識之士克卜勒[65]

60　全寫爲apogeum，，英文爲periapsis，意指公轉軌道上距離重力中心最近的一點。

61　英文爲in maximum elongation最大距角，距角爲天文名詞，意指由地球觀察時行星與太陽之間的角度或距離。

62　十二分之五相（Quincux），即一百五十度的相位。

63　半六分相（Semisextile），即三十度相位，原文用字爲semisextill。

64　原文的五分相英文爲Quintill，現今拼法爲Quintile。

65　克卜勒（Johannes Kepler, 15711630），除了是德國著名天文學家及數學家，也是一名占星師；在他的年代，天文學與占星學還沒有完整清晰的區分。

加入了一些新的相位，這些新相位內容如下：

半六分相符號爲 SS，相距 30 度。

五分相符號爲 Q，相距 72 度。

二十分之三相 [66] 符號爲 Td，相距 108 度。

五分之二相符號爲 Bq[67]，相距 144 度。

十二分之五相符號爲 Vc，相距 150 度。

我只是想讓各位知道這些相位，好讓它們在別的地方再次出現的時候，你會知道它們是甚麼意思。

在上述兩頁星曆之後，接下來我們將討論的是宮位表 [68]。若欠缺當下的星曆表跟宮位表的話，根本無法引導你建立星盤；而若沒有星盤的話，我們將甚麼都不能判斷，也將無法進行任何占星學的討論。

正因爲黃道上有十二星座，太陽與其他行星每天都在其中移動，所以你會看到十二大頁的內容（請參考 P.46-57 宮位表），在宮位表第一頁的第一行你會看到 ⊙ 在 ♈，第二頁的第一行則是 ⊙ 在 ♉，而第三頁的第一行則是 ⊙ 在 ♊，按星座順序一直排列下去，所以有十二頁的宮位表。在

66　二十分之三相，原文英文爲Tredecile。

67　五分之二相，原文英文爲Biquintill。

68　宮位表，原文英文爲Table of Houses。

這些宮位表的幫助下，我們可以建立星盤，而我將會讓你學會怎樣做。

Chapter 4

如何藉由星曆和宮位表來建立天宮圖

　　首先你要畫出右方的圖形，圖中十二個空格被稱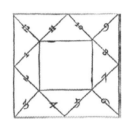
爲天上的十二宮位，中間的方形是用來寫下建立星盤
的日期、年份及時間。第一宮是從你看到數字 1 的位
置開始，第二宮是從你看到數字 2 的位置開始，第三
宮是從你看到數字 3 的位置開始，第四宮是從你看到
數字 4 的位置開始，第五宮是從你看到數字 5 的位置開始，第六宮是從你
看到數字 6 的位置開始，第七宮是從你看到數字 7 的位置開始，第八宮是
從你看到數字 8 的位置開始，第九宮是從你看到數字 9 的位置開始，第十
宮是從你看到數字 10 的位置開始，第十一宮是從你看到數字 11 的位置開
始，第十二宮是從你看到數字 12 的位置開始。數字 1 至數字 2 之間的空
格正是第一宮，而如果你在其中找到任何行星，你都應該說它們落入第一
宮之中。但如果它位於任何宮首的 5 度之內，那麼它的特質將會被視爲屬
於最接近的宮首所屬宮位。

　　宮首或任何宮位的入口、又或是宮位的起始，其位置正是你看到數字所在的線，而在這些線之上，你必須根據宮位表去放置黃道的星座及宮位，例如當你找到第十宮是 ♈10 度，那麼你必須把數字 10 跟 ♈ 的符號寫在第十宮的線之上，而該條位於 10 度的線正是第十宮的宮首或起始，餘下的宮位也是這樣做。

　　當建立或設定星圖時，不論它是卜卦盤或是本命盤，你都要考量以下三項設定：

　　首先，是當天的年、月、日、宮位或哪一部分的宮位[69]。

　　第二，要觀察那年那天的星曆中，太陽於正午時分的真實位置，也就是它在哪個星座的幾度幾分。

　　第三，是根據問題當天太陽在該星座的哪個度數，於宮位表的左邊欄目中找出相對的某小時、某分，再把星盤本身建立的時間跟當地太陽相應的小時和分鐘加起來之後，星圖方得完成。而你每次都必須從第十宮這一欄找出太陽的星座，你能夠在此同時找到太陽及該星座。例如在一年中的某天，當我想建立星圖時，太陽正在牡羊座，那麼宮位表第一頁就會幫到你，因為你會在裡面找到 ☉♈；如果太陽正在金牛座，那就去第二頁找，以此類推。

69　作者於這裡重覆提及宮位及某部分的宮位，理應是因為卜卦占星問題主要只關注某些宮位，而繪畫星盤及討論本命盤時則要注意所有宮位。

在第一行，你會找到 ☉ 在 ♈、♉ 、♊ 之類，而在那些符號下面，在第十宮那一欄之下，你會看到 0 1 2 3 4 5 6，並一直順序排列到 30 度，所以，為了要找出太陽位處的度數，你要在第二欄、也就是第十宮那一欄找出準確的度數。如果太陽所在度數有任何分的話，這其實相當常見，**當分超過 30 的時候，就改選太陽下一個更大度數的小時和分鐘，如果太陽位置的分少於 30，那麼就繼續選用你原來的小時和分鐘，你必須清楚這樣才不會衍生任何誤差。**

我會示範繪畫一張一六四六年一月六日星期二下午一時三十分的星盤。首先，我在星曆（請參考 p.44）中找出一月六日，為的是找出當日太陽的真實位置，我發現它當天位於 ♑ 26 39，然後再由宮位表（請參考 p.55）中找出太陽在 ♑ 的這一頁，並在數字 10 這一欄下方，也就是第十宮這一欄，找到 ♑；太陽的度數是 26 度 39 分，於是尋找這一欄中 27 度的位置，找到它屬於十九小時五十六分這一列；H.M. 代表小時和分鐘，意即這裡的時間是十九小時五十六分，此時再把這個時間加到原來問題的時間，即下午一時三十分之上。因此，我必須在每一題題目把兩個數字相加，如果答案是大於二十四小時的話，我必須減去二十四小時，然後打開宮位表，在最左方「從正午開始的時間」一欄中，尋找剛才的餘數或是最接近的數字，而在該數字右方數欄之中，你將會找到第十宮、第十一宮、第十二宮、第一宮、第二宮、第三宮及第四宮的宮首位置。

回到剛剛的星盤，我把十九小時五十六分鐘加到一時三十分之上，答案是二十一小時二十六分鐘，這將會是我在「從正午開始的時間」一欄中

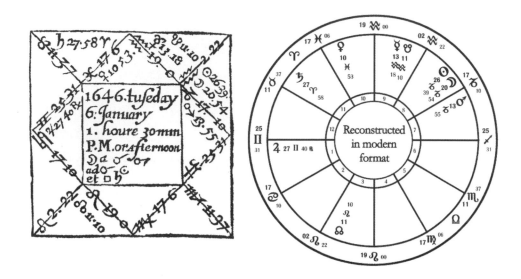

要找的數字或時間，這數字正好在第十一頁，也就是 ☉ 在 ♒ 這一頁中，而在該頁二十一小時二十六分右邊第十宮這一欄中，我找到 19 這數字，上面顯示的是 ♒ 的符號，所以我把 ♒19 度放於第十宮宮首。

在二十一小時二十六分這一列的第三欄，我找到 17　7，上面是 ♓，♓上面是數字 11，意指這是第十一宮的宮首位於 ♓17 度 7 分。[70]

在同一列的第四欄，你會看到 11　37 這組數字，上面是 ♉ 的符號，最上面是數字 12，這告訴你第十二宮宮首位於 ♉11 度 37 分。

在同一行的第五欄，你會看到 25　31 這組數字，上面是 ♊ 的符號，

---

70 在原文中，二十一小時二十六分這一行的第三欄為17　7，但作者於內文解釋時卻指資料是17　6，為免讀者混淆，故翻譯時修正為17　7。

最上面寫著第一宮，意指第一宮宮首位於 Ⅱ25 度 31 分。

　　在第六欄，你會看到 17　10 這組數字，上面是 ♋ 的符號，最上面寫著第二宮，意指第二宮宮首位於 ♋17 度 10 分。

　　在第七欄，你會看到 2　22 這組數字，上面是 ♌ 的符號，最上面寫著第三宮，意指第三宮宮首放於 ♌2 度 22 分。

　　現在我們已經把第十宮、第十一宮、第十二宮、第一宮、第二宮、第三宮的宮首安放好了，現在我必須教你們進行餘下的步驟。

　　正如我之前提及過，在這裡，你必須知道黃道上六個宮位的宮首，跟另外六個宮位的宮首是相對的。

♈　♉　Ⅱ　♋　♌　♍

♎　♏　♐　♑　♒　♓

　　也就是牡羊座跟天秤座對分，天秤座也跟牡羊座對分；金牛座跟天蠍座對分、天蠍座也跟金牛座對分，並以它們的位置如此類推。

　　十二個宮位也是如此的對分著，排列如下：

10　　11　　12　　1　　2　　3

4　　5　　6　　7　　8　　9

　　所以，第十宮跟第四宮對分，第四宮也跟第十宮對分；第十一宮跟第五宮、第五宮也跟第十一宮對分，並以它們的位置如此類推。你之所以要知道這件事，是因為當你發現第十宮的宮首位於 ♈，那麼第四宮的宮首就一定位於 ♎，然後觀察一下哪個角度佔據了第十宮宮首的位置，而第四宮的宮首就必須被放置於對分星座的同一角度之上，而餘下的其他星座和宮首也是如此安排。這理論不單被普遍接受，而且永遠都是正確的，如果你無視這規則的話，將無法正確地建立星盤。

　　在前面的星盤中，你看到第十宮的宮首位於 ♒19 度，♌ 跟 ♒ 對分，而第四宮則跟第十宮對分，所以我會把第四宮宮首放置於 ♌19 度。

　　你看到第十一宮的宮首位於 ♓17 度 7 分，♍ 跟 ♓ 對分，而第五宮則跟第十一宮對分，所以我會把第五宮宮首放置於 ♍17 度 7 分。

　　第十二宮的宮首位於 ♉11 度 37 分，♏ 跟 ♉ 對分，而第六宮則跟第十二宮對分，所以我會把第六宮宮首放置於 ♏11 度 37 分。

　　餘下的宮位也是這樣處理，而透過這方法可以畫出十二個宮位的框架，並把黃道上的數個星座放於它們應該身處的位置。

　　利用前述方法完成十二個宮位之後，你必須學習如何把行星放置其中：你需要透過觀察星曆，找出星盤當日正午時分行星所在星座及度數，然後找出這些行星所身處的星座落於哪一宮，你必須於那一宮放置行星，

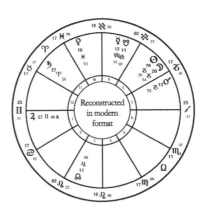

如果行星度數比宮首大的話，它將會落入那一宮；如果行星度數比宮首度數小的話，它則不會落入那一宮。

再次觀察前述的一月六日，我發現土星正位於 ♈27 度 58 分，我嘗試在星盤中尋找 ♈ 卻找不到；我在第十一宮宮首找到 ♓，然後於第十二宮宮首找到 ♉，所以我會斷定說 ♈ 被截奪了。當某星座不屬於任何一宮宮首，而是被包括於某一宮之內，我們會就會作出這種論斷。因此，就像你所理解的，我會把土星放於第十一宮之中。

下一步，我發現木星位於 ♊27 度 40 分，同時發現 ♊25 度 31 分正是第五宮宮首，而因為木星的度數比宮首位置的度數大，於是我把木星放於這一宮之中，加上它被標示正在逆行 [71] 中，所以我同時以 R 標示，好讓我能作出更好的判斷。

71　從地球往天上看的時候，行星一般由東向西前進，但基於行星間移動速度不同與及各行星軌道位置等問題，行星有時候會向相反方向前進，稱為逆行（Retrograde）。

在星曆的第五欄，我看到一月六日當天的 ♂ 正在 ♑13 度 55 分，而這星座於星盤中正是第八宮宮首，因此，我應該把 ♂ 放在這宮首附近，但因爲它的度數比這宮首要小，所以我把它放在這一宮以外 [72]。

我發現一月六日當天 ☉ 位於 ♑26 度 39 分，而我之前把 ♑ 放置於第八宮宮首位置，因爲 ☉ 的度數比第八宮宮首要大，所以我把它放於第八宮。

在星曆中一月六日同一列，我發現 ♀ 合於 ♓10 度 53 分。

因爲 ♓ 是第十一宮宮首，因此我把 ♀ 放在宮首的附近，卻不把它放在第十一宮，因爲它的度數跟第十一宮宮首的度數並不相等，而是比它要小。

在第八欄，我在 ☿ 符號下面看到 13 18，符號之下是 ♒，所以我把 ☿ 放在第十宮宮首的附近，卻不把它放進這一宮，因爲你也許已經發現，相比起第九宮宮首的度數，它的位置的確比較接近第十宮宮首，因爲在同一星座下，它有多靠近某宮宮首的度數，它就應該被放置於那一宮宮首的附近。

在第九欄，於 ☽ 一欄中，我看到一月六日當天，度數是 20 54，星座符號則是 ♑，於是我把 ☽ 放於第八宮之中，並且放於宮首跟 ☉ 之間，因爲你也許會發現 ☽ 的度數不至於大到能讓它超越在 ☉ 前面，但也不至於

72　意即把火星放置在前一宮第七宮。

小得讓它跌出第八宮。關於如何修正 ☽ 及其他行星於一天中任何時段的位置，你將於稍後的內容中學習到。

在這一天的第十欄中，我在 ☊ 及 ☊ 找到 11　10，因此你知道 ☊ 位處於 ☊11 度 10 分；我把它放在第三宮的中間，因為 10 度這位置既接近第三宮宮首也接近第四宮宮首。☋ 的星座及度數永遠都在 ☊ 對面，因此我把它放置在 ♒11 度 10 分。完成這個步驟之後，必須觀察 ☽ 於同一天的入相位及出相位，於星曆月相這一頁（請參考 p.45），我發現於一月六日當天，☽ 的確跟 ♂ 剛剛完成出相位，於接下來的晚上十一時四十八分與 ☉ 入相位，並將在當天正午的十四小時後跟 ♄ 形成 □，也就是第二天的凌晨二時。

就這樣，你已經完成建置一張星盤，並把行星放置其中。只是這星盤的時間還未修正，而我接下來將會示範如何把它們的位置修正至某一小時。但是經驗告訴我，很多初學者一直都因為在上述建立天宮圖的介紹中得不到足夠資料而裹足不前，所以，為提供更豐富的內容，我將會多提供一至兩個例子。

我會繪製一張一六四六年一月十七日晚上十一時二十分的星盤：當日正午的太陽位處 ♒7 度 52 分，在宮位表第十一頁可以找到 ☉ 在 ♒ 的一頁，我在第十宮一欄尋找 ♒8 度，因為 52 分差一點點就會成為 1 度，而在 8 度這一欄的左邊「從正午開始的時間」一行中，我找到 20 42，意即 20 小時 42 分，因此我作出以下計算：

	小時	分鐘
	11	20
	20	42
	32	02
扣除	24	00
	08	02

　　當天的時間是 11 時 20 分，而相對 ♒8 度的時間是 20 小時 42 分，加起來會是 62 分，即 1 小時 2 分鐘，我把這一小時先拿走，然後把兩組數字的小時相加，最後得出答案是 32 小時 2 分。因為每超出 24 小時就必須把它減去，最後你會發現餘下的數值是 8 小時 2 分鐘。

　　我在宮位表中找不到跟這完全一樣的時間，但我找到 8 0，這跟我的答案非常接近，而且已經夠準確了。在 8 0 這一列我找到 28 0，在這一欄上面的符號是 ♋，再上面寫著第十宮，因此我知道第十宮宮首落於 ♋28 度 0 分。在 ♋28 0 同一列的右邊一欄，你會找到 4 36，上面是 ♌，再上面寫著第十一宮，因此 ♌4 度 36 分是第十一宮宮首；然後在 8 小時 0 分同一列的第四欄中，你會找到 0 ♎ 4，上面寫著第十二宮，也就是第十二宮的宮首落在 ♎0 度 4 分；在同一列的第五欄中，你找到 21 3，上面是 ♎ 及第一宮，因此你必須把第一宮宮首放在 ♎21 度 3 分；在 ♎21 度 3 分旁邊的第六欄中，找到 13 59 及上面的 ♏，以及寫在上方的第二宮，由此可得第二宮宮首必須放於 ♏13 度 59 分 [73]；在同一列的最後一欄中，找到 15 46

73　在原文中，第二宮宮首為13度59分，但作者於內文解釋時卻指資料是13度57分，為免

及上面的 ♐，欄首寫著第三宮，第三宮宮首指向 ♐15 度 46 分。因此，你得出了以下的宮首位置：

第十宮宮首：28 ♋

第十一宮宮首：4　36 ♍

第十二宮的宮首：0　4 ♎

第一宮宮首：21　3 ♎

第二宮宮首：13　57 ♏

第三宮宮首：15　46 ♐

正如前面所說，其他宮位的宮首位置可以藉著對分的位置找出來，也就是第四宮宮首在第十宮宮首對面，♋ 跟 ♑ 對分，所以我把第四宮宮首放於 ♑ 28 度；第五宮宮首跟第十一宮宮首對分，而 ♓ 是跟 ♍ 對分的星座，所以我把第五宮宮首放於 ♓4 度 36 分；第六宮宮首跟第十二宮宮首對分，而 ♈ 是跟 ♎ 對分的星座，所以我把第六宮宮首放於 ♈0 度 4 分；第七宮宮首跟第一宮宮首對分，而 ♈ 跟 ♎ 對分，所以我把第七宮宮首放於 ♎ 的對分星座 ♈ 的 21 度 3 分；第二宮跟第八宮相對，♉ 跟 ♏ 對分，所以我把第八宮宮首放於 ♉13 度 57 分；第九宮跟第三宮相對，♊ 跟 ♐ 對分，所以我把第九宮宮首放於 ♊ 15 度 46 分。行星可以依照前面的介紹把宮首放置於星盤之中，如果你發現有時候有兩個、甚至三個星座落在同一宮位，不要讓這情況阻礙你，你只需按角度的順序把行星盡量放於宮位之

讀者混淆，故翻譯時修正為13度59分。

一六四六年一月十七日星盤。

中，行星的度數會讓你順利作出排列。

你必須記得的是，如果那一天的時間是早上、又或者應該說「在正午之前」的話，你必須從前一天正午開始去計算時間，正如以下例子所述。

現在我要繪製一張一六四六年一月二十六日星期一上午九時四十五分的星盤。

因此，我的時間會是：九小時四十五分。

首先，我會在這時間上加上十二小時，因為我們已經知道這個時間其實正是星期日正午之後的二十一小時四十五分鐘。清楚這一點後，你才可

以說：這星盤建立的時間點是上午九時四十五分、或者是星期一正午之前的九時四十五分。

又或者，你可以說這是一月二十五日星期日正午後的二十一小時四十五分鐘，這時間跟上述時間其實一樣。

一月二十六日當天正午的 ☉ 位於 ♒16 度 59 分，然後從宮位表中查看第十宮宮首於 ♒17 度的相對時間，並從第 53 頁的宮位表找到 ♒。在第十宮這一列中，♒17 度的相對時間是二十一小時十八分，接著，把這時間加進星盤的時間，也就是二十一小時四十五分之上。相加之後，答案是四十三小時三分，因為這答案大於二十四小時，所以要減去二十四。

	小時	分鐘
	43	03
	24	00
餘數	19	03

在得出十九小時三分這個答案後，再打開宮位表，然後從「從正午開始計算」一欄中尋找這個數值。我在宮位表第十頁（P.55）找到這到十九小時一分，這最接近我想要的數值，在這數值旁邊一欄，我看到 14 0，往上看會看到第十宮及 ♑，這代表第十宮宮首要被放置於 ♑ 14 度，至於其餘宮位宮首的位置，則可以從十九小時一分這一行的各欄中找出。

我希望這些例子能夠滿足所有初學者，但是，如果有人仍然不確定自

己建立星盤的方法是否正確的話，請謹記這條規則：如果你想要建立的星盤的時間是正午到日落之間的話，⊙ 會位於第九宮、第八宮或第七宮；如果時間是日落至午夜之間的話，⊙ 會位於第六宮、第五宮或第四宮；如果是午夜至 ⊙ 升起之間的話，他會於第三宮、第二宮或第一宮找到 ⊙；如果星盤的時間是日出至正午之間的話，將會於第十二宮、第十一宮或第十宮找到 ⊙。

Chapter 5

行星每天的移動範圍，以及
如何把行星的移動修正爲倫敦的子午線下、
一天當中的任何一個小時

我們很少會建立一個時間剛好在正午的天宮圖，行星於中午時的位置全都是被準確計算出來的，所以也不用任何修正。但是，絕大部分的問題通常都是中午之前或之後被提出的，因此你必須知道如何找出行星每一天或是白天裡的位置，以及找出他們每二十四小時會移動多少度和分，從而才能根據你建立星盤的時間，得知應該在你的行星之上加上多少度數。雖然在卜卦占星學中這比較不會導致誤差（除了月亮的位置之外），但我仍然想在這裡指導初學者們，好讓他們知道如何漂亮地進行這個步驟。

例子如下：

你必須先找出行星於當日中午所在的星座及度數，如果你的行星正在順行，你必須從它在之後一天當中所在的位置中減去一些度數，但如果該

行星正在逆行，你就必須反其道而行，也就是從前一天的位置中減去之後一天的度數。例如：

1月7日中午，♄ 正位於 28　0 ♈
♄ 每天移動範圍為 2 分
1月6日中午，♄ 正位於 27　58 ♈

如此一來，你就會知道 ♄ 每天的移動範圍為 2 分。

1月6日中午，♃ 正位於 R 27　40 ♊
♃ 每天移動範圍為 6 分
1月7日中午，♃ 正位於　27　34 ♊

1月7日中午，♂ 正位於 14　41 ♑
♂ 每天移動範圍為 46 分
1月6日中午，♂ 正位於 13　55 ♑

1月7日中午，☉ 正位於 27　40 ♑
☉ 每天移動範圍為 1 度 1 分
1月6日中午，☉ 正位於 26　39 ♑

1月7日中午，♀ 正位於 12　2 ♓
♀ 每天移動範圍為 1 度 9 分
1月6日中午，♀ 正位於 10　53 ♓

1月7日中午，☿ 正位於 14　45 ♒
☿ 每天移動範圍為 1 度 27 分
1月6日中午，☿ 正位於 13　18 ♒

1月7日中午，☽ 正位於　3　1 ♒
☽ 每天移動範圍為 12 度 7 分
1月6日中午，☽ 正位於 20　54 ♑

　　首先，從代表一整個星座的 30 度減去 ♑ 20 度 54 分，答案是 9 度 6 分，再把這加上 ♒ 的 3 度 1 分，便可得出 ☽ 每天移動範圍為 12 度 7 分。這步驟的計算總括來說比之前的簡單一點，只是 ☽ 於隔天的中午之前進入了別的星座。

　　1 月 7 日中午，☊ 正位於 10　24 ♌

　　1 月 6 日中午，☊ 正位於 11　10 ♌　　**☊ 每天移動範圍為 46 分**

　　你必須細心觀察，因為它有時會往前進入另一個星座，有時則會往後退，但即使沒有其他資料的幫助，你仍然能夠從星曆表中清楚知道其移動位置。

如何在下列表格當中，找出行星每小時移動的度數

　　在你建立的每個星盤中，行星的位置都需要因應星盤建立的時間而修正，尤其是月亮的位置，原因是它移動得相當迅速。關於行星，你其實不用過於一絲不苟，即使有一度的差別也不會導致明顯的誤差。不過這只限於卜卦占星盤，在本命盤中，你需要找出它們準確的度數，因為透過行星的移動，我們可以看到本命盤每年不同的演變進程。

　　我將會用兩三個例子示範如何進行以下步驟，其餘的部分就靠初學者們自己努力了。表格如下：

de.	mi.	sec.	th.	de.	mi.	sec.	th.	de.	mi.	sec.	th.
mi	sec	th	4h	mi	sec	th	4h	mi	sec	th	4h
1	0	2	30	22	0	55	0	43	1	47	30
2	0	5	0	23	0	57	30	44	1	50	0
3	0	7	30	24	1	0	0	45	1	52	30
4	0	10	0	25	1	2	30	46	1	55	0
5	0	12	30	26	1	5	0	47	1	57	30
6	0	15	0	27	1	7	30	48	2	0	0
7	0	17	30	28	1	10	0	49	2	2	30
8	0	20	0	29	1	12	30	50	2	5	0
9	0	22	30	30	1	15	0	51	2	7	30
10	0	25	0	31	1	17	30	52	2	10	0
11	0	27	30	32	1	20	0	53	2	12	30
12	0	30	0	33	1	22	30	54	2	15	0
13	0	32	30	34	1	25	0	55	2	17	30
14	0	35	0	35	1	27	30	56	2	20	0
15	0	37	30	36	1	30	0	57	2	22	30
16	0	40	0	37	1	32	30	58	2	25	0
17	0	42	30	38	1	35	0	59	2	27	30
18	0	45	0	39	1	37	30	60	2	30	0
19	0	47	30	40	1	40	0	61	2	32	30
20	0	50	0	41	1	42	30				
21	0	52	30	42	1	45	0				

在之前一月六日的星盤中，你可以找到太陽每天的移動範圍為 61 分或 1 度 1 分。在上方表格最後一行中，我們找到 61 這個數字，上面有 de.、mi. 等欄目，而在 61 這一列，我們在 61 的右邊看到 2、32、30，意

指太陽每小時的移動範圍爲 2 分 32 秒 30，正如你從表格上方欄目就能夠推測到的意思一樣。[74]

在上述星盤中，♂ 每天的移動範圍爲 46 分，然後我在第一欄中找到 46，在那一列，我找到 ♂ 每小時的移動範圍爲 1 分 55 秒，二十四小時則移動 46 分。

有一點必須注意的是，如果你是以「分」開始的話，你所找的時間也必須是以分爲單位，如果是以「秒」開始的話，則必須用秒爲單位，這適用於 ♄、♃、♂、☉、♀、☿，而 ☽ 則不包括在內。

如果行星的移動範圍多於 61 分，例如 70、75 或 80 分的話，你必須分兩次去查閱這個表格，舉例來說：

正如你所見，☿ 的移動範圍爲 1 度 27 分，我想知道它每小時的移動範圍，首先我查看 60 分那一列，找到 2、30、0，意思是 2 分 30 秒，然後我查看 27 一列，然後找到 1、7、30，意即 1 分 7 秒 30。這時候我把兩組數字相加：

2　30

相加　1　07

3　37

74　這表格中的de意指degree，即「度」；mi意指minute，即「分」；se意指second，即「秒」，最後一行th所指爲third，六十個third等同一秒，third並不等同現代時間計算單位中的「毫秒」，因爲一秒有100毫秒。

答案是 3 分 37 秒，這正是 ☿ 每小時的移動範圍，而它每天的移動範圍則為 87 分。

☽ 每天的移動範圍為 12 度 7 分，我先在第一欄找出 12，在旁邊找到 0、30、0，也就是 0 度 30 分 0 秒。

然後我在第一欄找出 7，在旁邊找到 0、17、30。我把兩組數字相加：

$$00\ \ 17\ \ 30$$
$$相加\ \ \underline{30\ \ 00\ \ 00}$$
$$30\ \ 17\ \ 30$$

這樣可得出 ☽ 每小時移動範圍為 30 分 17 秒 30，在跟月亮相關的運算中，你可以不用理會秒及其之後的單位。

透過這種做法，可得知在星盤被建立的那一刻 ☉ 的真正位置在哪。

當天的時間為 1、30，埃赫施塔特[75] 於其星曆中，認為倫敦的子午線每小時的移動範圍為 50 分，且因為他們身處的地方比我們更接近東方，☉ 會先在他們那邊先到達正午；也因為我們在較西面，所以我在星盤的時間上加上 50 分，因此時間會從一時三十分變成二時二十分。在這裡，如果：

75　埃赫施塔特（Lorentz Eichstadt, 15961660），德國數學家及天文學家。

⊙ 每小時的移動範圍：　　　2 分 32 秒

⊙ 兩小時的移動範圍：再加 2 分 32 秒

　　加起來：　　　　　5 分 04 秒

　　將這個答案加上 ⊙ 當天正午的位置之上，可得出 ⊙ 於建立星盤時間那一刻正位於 ♑ 26 度 44 分 4 秒，雖然上面的換算只包括了 2 小時而忽略了 20 分，但因為對結果的影響不大，所以我會忽略它，免得製造麻煩。

　　同一日正午月亮的位置為摩羯座 20 度 54 分，如果你加上月亮兩小時的移動範圍的話，那會是加上兩次 30 分，等同於一度，於是月亮真正的位置其實在摩羯座 21 度 54 分。

　　我們這些建立無數星盤的人從來不會要求如此精準，但請記住以下這條規則：在太陽、金星及水星的移動中，如果星盤時間是正午後的六或七小時，那麼我們要在它的正午位置上再加上 15 分，並以這種方式每六小時額外加上 15 分的距離。

　　因為 ☽ 一天之內可以移動 12、13 甚至 14 度，所以我們習慣性地會在正午之後大概每六小時就在其度數上加上 3 度，其他行星也可能會根據其日間移動範圍而這樣做，這樣可讓行星位置更加準確，以方便進行倍數或除數，也方便對照舊星曆，因為在舊星曆中，通常有很大部分的表格都跟這有關。

　　說明至此，容我再解釋一下，在放置本命盤及卜卦盤中的行星時，行

星的位置可能會讓它們到達正午位置的時間出現五十分鐘的誤差，因此，
你必須觀察相位中的對立行星。舉例來說：在一月六日，你發現 ☽ □ ♄ 在
14 P.M.，也就是於一月六日正午的十四小時之後，即一月七日的凌晨二
時，☽ 會跟 ♄ 形成 □。此時，你必須將十四小時減去五十分鐘，好讓 ☽ □
♄ 的真實時間跟我們的倫敦時間相應，也就是正午後的十三小時十分鐘。
請務必在所有相位之上進行這一步驟。

Chapter 6
天上的十二宮位以及占星學裡的一些詞彙

　　整個天球由子午線及地平線分爲四部分，也就是四個象限 [76]；然後，再根據子午線及地平線的某些特定位置劃出不同圓形之後，每個象限會再被分爲三部分，因此，整個天球會被分爲十二個部分，占星學家稱這爲十二宮，它們從東面開始排列。

　　第一象限是東方至天頂的部分，也可以說是從第一宮宮首開始到第十宮的部分，其中包括了第十二宮、第十一宮及第十宮，這被稱爲東方的、春天的、陽性的、樂天的，以及嬰孩的象限 [77]。

　　第二象限是由天頂至第七宮宮首，包括了第九宮、第八宮及第七宮，

76　象限（Quadrant），每三個宮位爲一個象限。

77　這組形容詞，英文分別爲：東方的（oriental）、青春的（vernal）、陽性的（masculine）、樂天的（sanguine），以及嬰孩的（infant）象限。其中，樂天的（sanguine）特質與西方四體液論（four temperaments）的其中一種體液血液相關。

這被稱爲子午線的、夏天的、陰性的、青春的，以及易怒的象限[78]。

第三象限是由第七宮宮首至第四宮宮首，包括了第六宮、第五宮及第四宮，這被稱爲西方的、秋天的、陽性的、憂鬱的、成年的，以及冰冷乾燥的象限[79]。

第四象限是由第四宮宮首到第一宮宮首，包括了第三宮、第二宮及第一宮，是北方的、陰性的、老年的、有著冬天特質的，以及冷靜的象限[80]。

第一宮、第十宮、第七宮及第四宮被稱爲角宮，第十一宮、第二宮、第八宮及第五宮被稱爲續宮，第三宮、第十二宮、第九宮及第六宮被稱爲降宮[81]。**角宮最爲強大，續宮其次，降宮最弱也帶來最小影響；續宮跟隨角宮之後，降宮則排在續宮之後。**以力量及優勢來排序的話，十二宮位排行如下：

78　這組形容詞，英文分別爲：子午線的（meridian）、夏天的（estival）、陰性的（feminine）、青春的（youthful），以及易怒的（choleric）象限，易怒的特質與四體液論中的黃膽汁相關。

79　這組形容詞，英文分別爲：西方的（occidental）、秋天的（autumnal）、陽性的（masculine）、憂鬱的（melancholic）、成年的（manhood），以及冰冷乾燥的（cold and dry）象限，憂鬱的特質與四體液論中的黑膽汁相關。

80　這組形容詞，英文分別爲：北方的（northern）、陰性的（feminine）、老年的（old age）、有著冬天特質的（of the nature of winter），以及冷靜的（phlegmatic）象限，冷靜的特質與四體液論中的痰液相關。

81　角宮英文爲Angles，續宮爲Succedents，降宮爲Cadents。

第 1 宮 > 第 10 宮 > 第 7 宮 > 第 4 宮 > 第 11 宮 > 第 5 宮 > 第 9 宮 > 第 3 宮 > 第 2 宮 > 第 8 宮 > 第 6 宮 > 第 12 宮

這當中的意思是，**當有兩顆行星同時位於強勢位置，其中一個位於上升點而另一個位於第十宮的話，那麼，某種程度上你應該認為上升點的行星會為其所象徵的帶來更大影響，而第十宮行星的影響則相對較弱；**所有行星也需要按以上宮位次序來考量，而且要記住位於角宮的行星會更強力地展示自己的影響力。

當提到上升點的守護 [82]、或是問卜者、被占卜事物的**象徵星** [83] 時，我們所意指的只有一件事，那就是主宰上升點星座的會是哪顆行星、或是被占卜的事物所屬宮首的星座由哪顆行星主宰。例如在第七宮，其宮首落於下降點，主宰這個下降點星座的行星就是其象徵星，其餘宮位也以此類推，這部分需要於隨後的星盤論斷中應用。

共主星 [84] 意即另一顆跟主要象徵星形成相位或合相的行星，這共主星或多或少會有一定程度的重要性，它可能會幫忙影響著問題觸及的象徵事物，也可能不會，它會影響判斷，因此也需要被考量進去。如果那是一顆友善的行星的話，它會帶來好處；相反地，如果那是一顆帶來不幸的行星

82　Lord一字本身意思為「主人」或「君主」，中文翻譯比較常用「守護」一字代表，但這裡意思其實是每一宮或每個星座就像是一個國家或者城市，Lord是這個星座或宮位的「主人」。
83　象徵星（Significator），在時辰占卜學，這會因問題而有所不同，但在這裡，它所指的其實是一個宮位的守護星。
84　共主星（Cosignificator）。

的話，則會帶來破壞或紛擾。

任何一宮的**宮主星** [85]，意指在那一宮內最尊貴的行星，不管那行星所在的星座是否爲宮首星座，這需要你自己來做判斷。

盤主星 [86]，是指在整張天宮圖中不論「必然尊貴 [87]」跟「偶然尊貴 [88]」都是最強勢的行星。

龍頭有時會被稱爲北交點 [89]。

龍尾有時會被稱爲南交點。

行星的**經度**代表它距離牡羊座起點的距離，按照星座的排列，這用來紀錄行星的位置。

行星的**緯度**是指它距離黃道 [90] 的距離，行星會在其南或北，因此我們會說行星正位於北緯或是南緯，意即它正從黃道位置退回南方或北方。

只有太陽會一直於黃道上移動，也一直不會有任何緯度度數。

85　宮主星（Almuten，of any house）。

86　盤主星（Almuten，of the figure）。

87　必然尊貴（Essential dignity）。

88　偶然尊貴（Accidental dignity）。

89　龍頭英文爲Dragons Head，原文中作者指這有時被稱爲Anabibazon，來自希臘文：作爲字根，ana本身跟「上」有關，現代多稱爲North Node。所以，龍尾Dragons Tail也被稱爲Catabibazon，cata跟「下」有關，即South Node。

90　黃道（ecliptic）是從地球觀察時太陽於天球上移動的軌道。

　　行星的**赤緯**是指它距離赤道的距離，當行星從赤道往南或往北移動時，它的赤緯也會被標示往南或者往北。

Chapter 7

十二宮位及其本質和象徵

　　正如前文所述，天上除了有十二星座之外，也有十二宮位，現在我們要認識這十二個宮位的本質，這是我們必須熟悉的。那些已經學習了行星及星座，卻仍不知道如何準確判斷宮位的人，他們就像一個從市場買了很多不同居家用品，卻發現沒有地方放置這些物品的人一樣缺乏洞見。

　　雖說這世上沒有任何東西是屬於人的生命的，但這說法跟天宮圖中任何一個宮位毫無關係。十二星座恰恰與人類身體的不同部位相關，而十二宮位不但與人體的不同部位有關，也跟一個人的行動、生命及生活的特質相關。占星學前輩們的好奇心和判斷也如此認為，他們為每一宮分配了特定的象徵，也在整個十二宮的系統中分配了截然不同的事件，前輩們會去理解跟這些事件有關的問題，並明白自己不應該在得到足夠把握時才做出判斷，也不會為那些偶然的意外事件給予理性的答案，藉著這些做法讓自己成功。

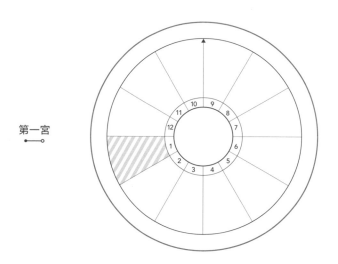

第一宮

第一宮本質及其象徵

　　第一宮包含了天宮圖中數字 1 開始到代表第二宮宮首的數字 2 之間的範圍。

　　這裡象徵了問卜者的生命、體格、顏色、膚色、形態及體型，也象徵了出生盤主人的這些特質。當發生日月蝕或「大合相[91]」，或是當 ☉ 一年一度入境 ♈ 時，這一宮會象徵星盤主人的一般狀態，或星盤繪畫之處那個王國的一般狀態。

　　也因為這裡是第一宮，它象徵了人類的頭部和面部，因此，在問題建立的時候、或是某人出生的那一刻，如果 ♄、♂ 或 ☋ 落入這一宮，你會在這個人、或是任何宮首落入 ♈ 的宮位所象徵的人的臉上發現一些瑕疵。

91　大合相（Great Conjunction）所指的是木星土星合相。

假如 ♈ 正好在上升點，那麼，胎印、痣或者疤痕毫無疑問會出現在這個人的臉上，如果上升點在該星座最初幾度，瑕疵會出現在頭的上半部；如果在後半度數的話，瑕疵則會出現在下巴接近頸部的位置，這是我於數以百計的例子中所證實的。

顏色方面，這裡象徵白色，也就是說，如果某顆位於這一宮的行星也象徵白色的話，那個人的膚色會更加蒼白、白皙或憔悴；又或是如果你詢問的是某人衣服顏色的話，其象徵星若是落入第一宮以及其相應星座，他的服飾會是白色或灰色，亦或是接近這兩者的顏色。因此，如果問題所詢問的是牛群，若牠們的象徵星落入這一宮，意味著牠們也是白、灰或是接近的顏色。而此一宮位是屬於陽性的。

這一宮的共同象徵是 ♈ 及 ♄，正因為這裡是第一宮，♈ 是第一個星座，♄ 也是第一顆行星，因此，當 ♄ 只是一般尊貴，而且跟 ♃、♀、☉ 或 ☽ 形成任何良好相位的話，這保證了良好而持重的身體特質，也通常會帶來長壽。♀ 在這裡是喜樂位置 [92]，因為這一宮代表頭部，而水星代表口才、想像跟記憶，當它落於這一宮並且得到相當尊貴的話，可以造就一個好的演說者。這裡被稱為上升點，因為當 ☉ 來到這一宮宮首的時候，它會往上然後升起，並且於地平線之上被我們看見。

92　每顆行星都會在某一宮中得到一些特別的尊貴，這稱之為喜樂宮或喜樂位置（joys）。

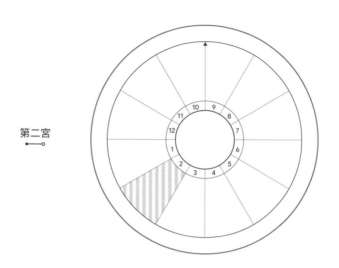

第二宮

第二宮本質及其象徵

　　這一宮的論斷跟問卜者的物業或財產有關，也就是他的貧富、及其所有可移動的物品、借予別人的金錢、利益或賺取的、損失的或虧蝕的。在法律訴訟中，它象徵了某人的朋友或援助；詢問私人決鬥時，屬於問卜者的第二宮；在日月蝕或大合相中，第二宮是人民的貧富狀況；當 ☉ 進入 ♈ 的時候 93，這代表了聯盟間擁有的軍火、盟友和支援，這也會為他們帶來軍火儲備。

　　第二宮代表人體的頸部及後方的肩頸，也代表綠色。

　　因此，如果有人提出問題，而問題跟上述關於第二宮的內容有關的話，你必須從這裡尋找象徵。這一宮是陰性宮位，也是續宮，某些拉丁藉

93　這裡所指的是春分圖。

占星師把這一宮稱爲「脫離陰間[94]」的宮位。

這一宮的共同象徵是 ♉ 及 ♃，因爲當 ♃ 落入第二宮或主宰第二宮的時候，它支持了跟物業或財產有關的議題；⊙ 及 ♂ 落入第二宮時，永遠不是好的位置，它們會帶來物質的消散，而情況會跟本命盤的主人或者問卜者本身的能力和特質有關。

第三宮本質及其象徵

這一宮象徵兄弟、姊妹、表兄弟或親屬、鄰居，短途旅程或內陸的旅程、遷移，書信、文字、謠言、信使；它也主管了肩膀、手臂、手掌和手指。

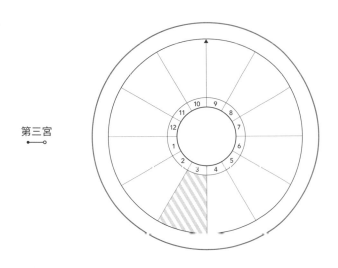

第三宮

94　原文使用anaphora一字，通常只意指第二宮，但也有些古典占星師把所有續宮同時稱爲anaphora。

　　至於顏色，它主掌紅色和黃色，或是橘棕色或栗子色，這裡的共同象徵是 ♊ 跟 ♂，這解釋了為什麼當 ♂ 出現在這一宮時不會帶來太大的不幸，除非它跟 ♄ 同時於這裡出現。第三宮是降宮，也是 ☽ 的喜樂位置，因為當它落入第三宮的時候，將加倍支持跟旅行、快速移動、以及長途跋涉等遷移相關的議題，又或是代表「安靜的狀況並不常見」的情況，尤其當它落入變動星座的時候。第三宮則屬陽性。

第四宮本質及其象徵

　　第四宮一般都與父親有關，不論是問卜者的父親或是本命盤主人的父親；也意指土地、房屋、住宅、遺產、土地耕作、隱藏的寶藏、任何事情的終結或結局；城鎮、城市或堡壘，不管它有沒有被圍攻；所有古舊的住宅、花園、田野、牧地、果園；某人購買的土地的特性及本質，不論那是

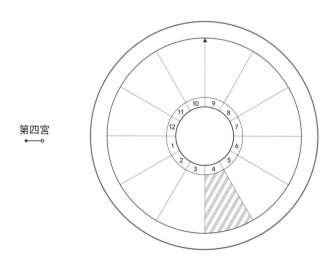

第四宮

葡萄園還是麥田，也不論那土地長了很多樹、有很多石頭或是光禿禿的。

　　第四宮的星座意味著城鎮，而其守護星則是市長；這裡也主管著胸部及肺部。

　　至於顏色，這裡意指紅色，且由 ♋ 及 ☉ 共同象徵。我們稱呼這裡為「土元素之角」或者天底；第四宮是陰性的，也是北方的一角；在卜卦盤及本命盤中，第四宮象徵了父親，就像日間的 ☉ 及夜間的 ♄；當 ☉ 落入這一宮的時候，代表了父親不會看起來病懨懨，甚至反而有著高貴的氣質。

第五宮本質及其象徵

　　第五宮的論斷跟小孩、外使、有小孩的女人的狀態、宴會、酒館、客棧、劇場、共和國的使者或特使、父親的財富、某個被包圍的城鎮的軍

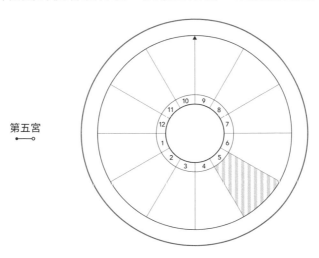

第五宮

火、孕婦將會誕下男生還是女生、問卜者的兒女的健康或病況有關。

第五宮主管胃部、肝臟、心臟、肋部及背部，屬於陽性的宮位。

此處象徵顏色是黑色及白色，又或是蜜糖色。第五宮是續宮，由 ♌ 及 ♀ 共同象徵，這裡也是 ♀ 的喜樂位置，因為這裡是愉悅、喜樂和歡笑的宮位；♄ 及 ♂ 在這裡則完全是不幸的，它們代表了不聽話的小孩及意外。

第六宮本質及其象徵

第六宮跟男女僕人、艙房的奴隸、豬隻、綿羊、山羊、野兔、家兔、各式各樣的牛隻，以及從牠們身上而來的利潤或虧損有關；亦與疾病、其特質及病因、主要牽涉的體液、能否治好、病患時間的長短；日間勞動的工人、房客、農夫、牧人、養豬戶、牛戶、養兔戶有關；第六宮也象徵叔

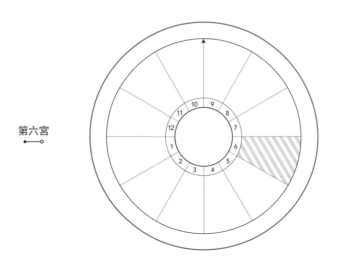

第六宮

伯們又或是父親的兄弟姊妹。

　　第六宮主管肚子的下半部，以及腸子到肛門的部分；此宮屬陰性，是爲降宮；第六宮亦是不幸的，因爲它跟上升點沒有任何相位。

　　此宮位象徵顏色是黑色，是 ♂ 喜樂的位置，但因爲這裡的共同象徵是 ♍ 及 ☿，我們發現，通常第六宮有 ♂ 和 ♀ 合相的人會是一個好醫生。

第七宮本質及其象徵

　　第七宮的論斷與婚姻有關，並描述了被詢問者的狀況，不論男女；此處也跟所有戀愛問題以及我們公開的敵人有關，在訴訟中，這裡是被告的位置，在戰爭中，這裡則是敵對團體；包含所有爭端、決鬥、訴訟；在占星學中，這裡是占星師本人；在治療過程中，這裡是醫生；盜賊及偷竊，也包括偷竊的人，不論男女；妻子、情人，以及他們的形態、描述、狀

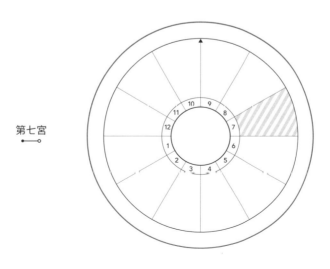

第七宮

況、出生尊貴還是貧窮；在一年一度的入境圖中，第七宮顯示出將會出現戰爭還是和平，如果牽涉勝負的話，這裡會顯示誰勝誰負、難民和逃兵、被放逐和被取締的人們。

這裡的共同象徵是 ♎ 和 ☽，♄ 及 ♂ 在這裡會帶來不幸，並且為婚姻帶來問題。

第七宮的象徵顏色是暗沉的黑色。

這一宮守護臀胯的部分，也就是從肚臍到臀部；也被稱為西方的一角；這是陽性的宮位。

第八宮本質及其象徵

第八宮論斷了死去之人的財產、死亡、死亡當中的特質及本質；死者的遺願、遺產及遺囑；妻子的嫁妝、僕人分到的錢 (不論多少，也不論有

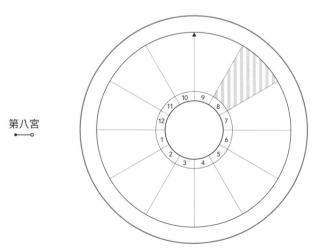

第八宮

多容易或多困難分到）；在決鬥中，這代表敵對者的第二宮；在訴訟中，這裡是被告的朋友；某人將遇到怎樣的死亡；這裡也象徵心境上的恐懼和憤怒；什麼人會享有或繼承死者的一切。

第八宮守護人體的生殖器官；顏色是綠色跟黑色。

這一宮的共同象徵是 ♏ 跟 ☉，痔瘡、膽石、泌尿系統感染、中毒症狀及膀胱都由這一宮負責；第八宮是續宮，屬於陰性宮位。

第九宮本質及其象徵

第九宮的論斷關乎航程或是需要橫渡海洋的長途旅程；任何種類的宗教人士或神職人員，不論是主教還是牧師；夢想、願景、外國；書藉、學習；教會生活、聖職或聖職授與權[95]；配偶的親屬。

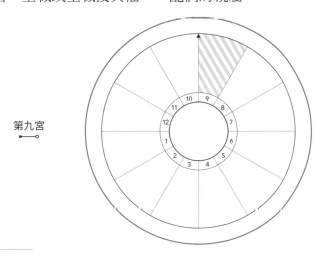

第九宮

95　聖職授與權（原文爲advowsion，現代寫成advowson），意指能夠申請聖職的權利，這
　　通常代表一筆穩定的收入。

第九宮的象徵顏色是綠色跟白色。

此宮守護人體的臀部和大腿，♂跟♃是這一宮的共同象徵，當♃落入這一宮，它通常會象徵一個對宗教虔誠或因宗教而謙虛的人。我也觀察到一件事，那些☋、♄或♂不幸地落在這一宮的人，這些求卦者幾乎都是無神論者或是極端宗教主義者。第九宮是☉喜樂的位置，屬於陽性宮位，亦是降宮。

第十宮本質及其象徵

第十宮通常跟皇帝、王子、公爵、伯爵、法官、主要官員、軍隊或城鎮的總司令有關；包含所有不同層級的裁判法院跟官方機構的官員、母親、榮耀、升遷、尊嚴、辦公室、律師；任何人的事業或其所進行的貿易。第十宮也象徵王國、帝國、公國和縣郡。

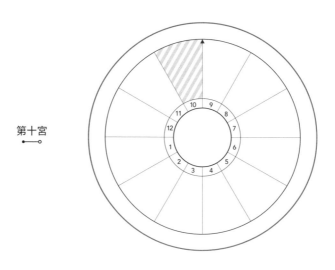

第十宮

第十宮象徵的顏色是紅色跟白色，主管膝蓋跟小腿肚。

這裡被稱爲天頂，是陰性宮位，由 ♑ 跟 ♂ 共同象徵；當 ☉ 或 ♃ 落入這一宮的時候，會帶來相當大程度的好處，♄ 或 ☋ 通常會以個人特質的方式否定榮耀，或者使這個人成爲普通的一般人，如果他成爲技師的話，這個人在其事業、買賣或對學徒的指導上不會得到太多快樂。

第十一宮本質及其象徵

第十一宮一般代表了朋友及友情、希望、信任、信心、他人的讚譽或批評；朋友的忠誠及虛假；對於國王來說，這一宮象徵了他喜歡的事物、顧問、侍從、伙伴或盟友、他的金錢、國庫或寶藏；在戰爭中，這是國王的軍火庫及士兵，也代表著朝臣等人；在一個由數位貴族及平民管理的聯邦中，第十一宮代表於議會中遭遇到的阻力。以倫敦爲例，第十宮代表了

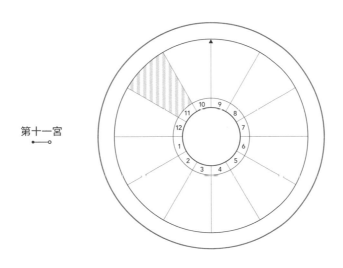

第十一宮
●—○

市長，第十一宮是下議院，上升點則是這城市的一般平民。

第十一宮守護小腿到腳踝；關於顏色，此處主管的是橘黃色或黃色。

此宮由 ♒ 和 ☉ 共同象徵，♃ 在第十一宮特別喜樂；這是續宮，屬於陽性宮位；這一宮的力量和優勢跟第七宮及第四宮一樣。

第十二宮本質及其象徵

第十二宮象徵了隱藏的敵人、女巫、大型的牲畜，例如：馬、大隻的牛、大象等；悲傷、苦難、監禁、各式各樣的痛苦、自我推翻等，這一宮所象徵的人，會遭到鄰居惡意妨礙或暗地舉報。

這一宮由 ♓ 和 ♀ 共同象徵，也是 ♄ 的喜樂位置，因為 ♄ 一般是編撰壞事的能手。

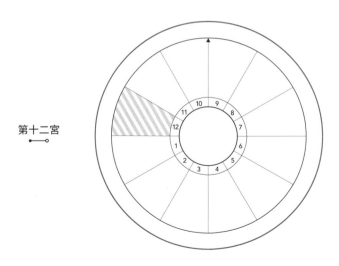

第十二宮

第十二宮守護我們的腳掌。在顏色方面，此宮代表綠色。

第十二是降宮，屬於陰性宮位，也有時候會跟其他降宮一起被稱爲「不省人事[96]」的宮位。

以上的宮位介紹參考了托勒密主張的學說，也是我這幾年來的經驗所得，而我必須坦承，一些阿拉伯學說對於宮位有不同的區分方法，但因爲我不曾在應用這些學說時得出任何眞理，所以我將不會提及它們。

96　原文爲cataphora。

Chapter 8

土星及其象徵

　　土星這顆行星通常被稱爲薩頓[97]，但有些作者會稱呼爲克羅洛斯[98]、菲依農[99] 或法西化[100]。

　　土星是所有行星中最具權力或地位最高的，它位於木星及穹蒼之間，本身並不特別明亮或閃耀，反而是蒼白的、看起來了無生氣的、灰色的、移動緩慢的。它需要大約二十九年又一百五十九天去走完黃道十二星座的路程，其平均速度爲 2 分 1 秒，每天移動範圍有時會是 3、4、5 或 6 分的

97　薩頓英文爲Saturn，亦即土星，是羅馬神話中的農業之神，手持鐮刀，隨著神話的發展，它後來也成爲了時間之神。

98　克羅洛斯（Chronos，亦爲Cronos）即希臘神話版本的薩頓，爲宙斯之父，也是希臘神話中的時間之神。

99　菲依農（Phainon）爲希臘神話中的土星之神；於希臘神話中，泰坦族的阿斯特賴俄斯（Astraios）跟厄俄斯（Chaos）生育而誕下了一堆兒女，這些兒女每人象徵了一顆行星。

100　法西化（Falcifer）源自拉丁文，意指「手持鐮刀者」。

距離，很少會超出這範圍，它距離黃道的最大北緯位置為 2 度 48 分，最大南緯位置則為 2 度 49 分，土星並不會超越這南北緯範圍。

在黃道上，土星於十二星座中擁有兩個星座作為自己的家，摩羯座 ♑ 為其晚上的家，水瓶座 ♒ 則是它日間的家，它於天秤座 ♎ 得利，於牡羊座 ♈ 失利，喜樂位置是水瓶座 ♒。

土星守護了日間的風相星座 [101]，這三個星座由 ♊、♎、♒ 組成。在十二星座中，土星於下列度數中成為「界守護 [102]」，這些度數由托勒密所分配。

　　♈ 的 27、28、29、30 度
　　♉ 的 23、24、25、26 度
　　♊ 的 22、23、24、25 度
　　♋ 的 28、29、30 度
　　♌ 的 1、2、3、4、5、6 度
　　♍ 的 19、20、21、22、23、24 度

---

101 在傳統占星學中，按元素去劃分星座的時候，會用 triplicity 一字代表，該字於英文中意指「三位一體」或「三個有著同樣特性的」，所以譯者只以「火相星座」、「風相星座」或「火元素星座」、「風元素星座」來表達。在占星學中，三分相（trine）意指 120 度的相位，屬於同一元素的星座彼此之間也會相距 120 度，這三個互相形成三分相的星座因此屬於同一 triplicity，並於星盤中構成一個等邊三角形。火相星座包括牡羊座、獅子座及射手座；土相星座包括金牛座、處女座及摩羯座；風相星座包括雙子座、天秤座及水瓶座；水相星座則包括巨蟹座、天蠍座及雙魚座。

102 界守護（Terms）。

♎ 的 1、2、3、4、5、6 度

♏ 的 28、29、30 度

♐ 的 21、22、23、24、25 度

♑ 的 26、27、28、29、30 度

♒ 的 1、2、3、4、5、6 度

♓ 的 27、28、29、30 度

這裡的意思是，如果任何卜卦盤中出現於這些讓其成為「界守護」的度數的時候，我們不能說它正「身處境外 [103]」或者缺乏必然尊貴；又或者如果它在這些度數成為「面守護」或「十度區間守護 [104]」的時候，我們也不能說它「身處境外」；以上這些規則適用於其他所有行星。

土星的「面守護」或「十度區間守護」位置如下：

♉ 的 21、22、23、24、25、26、27、28、29、30 度

♌ 的 1、2、3、4、5、6、7、8、9、10 度

♎ 的 11、12、13、14、15、16、17、18、19、20 度

♐ 的 21、22、23、24、25、26、27、28、29、30 度

♓ 的 1、2、3、4、5、6、7、8、9、10 度

土星的逆行會持續一百四十天，於逆行前，土星會先停滯五天，然後在回復順行前，它同樣會停滯五天。

103　境外的（Peregrine），詳見第十九章。

104　面守護（Face），十度區間守護（Decanate）。

土星是日間行星，冷而乾（因為它遠離太陽的熱力及濕氣），憂鬱，屬於土元素、陽性的，它跟較嚴重的不幸有關，也是撰寫孤獨及壞心腸故事的作家。

然而，土星是富於想像的，它舉止嚴苛，也慎言，既不多話也不會付出太多；它於勞動中充滿耐心，對爭論或爭議嚴肅以待，為獲取人生中想得到的物品而勤奮盡心，不論做任何事，它都嚴肅處理。

土星是善妒的、貪婪的、愛猜忌的、不信任人的、羞怯的、醜齪的、對人掩飾的、反應遲緩的、疑心強的、固執的、輕視女性的、不願意說出心底話的、愛發牢騷的、永不滿足的、經常埋怨的。

在人體上，土星象徵冰冷乾瘦的身體，中等身型，面色蒼白，膚色黝黑或不明亮，眼睛小而呈黑色，一直往下看，額頭寬闊，頭髮黑色或暗黑色，髮質硬或粗糙，耳朵大，眉毛高而往下，嘴唇厚，大鼻，鬍子稀疏或甚至沒有鬍子，面容愚鈍並讓人不快，通常頭會往前傾或彎著身體，肩膀寬大而且很多時候是歪的，腰腹有些短而單薄，大腿瘦削、精實而且不長，膝蓋及腳掌的動作通常不好看，很多時候雙腳會互相推擠碰撞。

你必須觀察的是，如果土星位於太陽以東的話，這個人會比較矮小，但也會比較得體，脾氣較平靜，外型也會比較黝黑精實，毛髮較少。如果土星位於低緯度的話，這個人會較精實，如果緯度較高的話，則會較肥胖或多肉；如果位於南緯，他會較多肉但行動會較迅速，如果是北緯的話，他會多毛而且多肉。

　　如果土星正處於逆行前停滯，這個人會略胖；如果土星正處於順行前停滯，這個人會肥胖、多病且虛弱，而這規則於其他行星身上也會一直出現。

　　一般來說，土星象徵了農夫、小丑、乞丐、日間從事體力勞動的工人、老人、父親、祖父、僧侶、教士、某個教派的虔誠信徒。

　　另外也象徵了：皮革上色加工工人、晚間清糞坑的工人、地下的礦工、錫匠、陶匠、打掃工人、管道工人、製磚工人、釀麥工人、清掃煙囪的工人、教會司事、運送屍體工人、清道夫、馬倌、煤礦工人、車伕、園丁、挖渠工人、製造並售賣蠟燭的商人、染黑布的人、牧民、牧羊人或養牛人。

　　土星象徵所有跟右耳相關的障礙，牙齒，所有多於四天並帶來發冷、乾涸感及跟黑膽汁特質相關的瘰狀熱症、麻瘋病、眼鼻的分泌物、肺結核、鉤體病、麻痺、發抖，無原因的恐懼感、妄想、浮腫、手痛的痛風症狀、中風、暴食症、內痔變化太快。如果土星位於天蠍座或獅子座，並且跟金星形成不好的相位，則可能會血管破裂。

　　土星象徵的味道是酸的、苦的、辛辣的；土星主要管轄人體中的脾臟。

　　土星主管熊掌花、呈星狀的花 [105]、烏頭草、芹葉鉤吻、蕨類、黑藜

105　原文Starwort泛指任何花序或葉子呈星形的植物。

蘆及白藜蘆、莙、藥蕨、蒡、歐洲防風草、龍膠、蓽、馬鞭草、曼陀羅草、罌粟、苔蘚、葵、打碗花、當歸、鼠尾草、黃楊、金絲桃、濱藜、菠菜、薺菜、孜然、馬尾草，及球果紫菫、紅荊、叉子圓柏、決明子、續隨子、芸香、水龍骨、柳樹、歐洲紅豆杉、絲柏、麻樹及杉樹。

動物方面則包含：驢、貓、野兔、老鼠、地鼠、大象、熊、狗、狼、蛇怪 106、鱷魚、蠍子、蟾蜍、大蛇、棘蛇、野豬，以及所有依靠進食腐敗物爲生的駭人生物，不論牠居於土裡、水中還是廢墟裡面。

此外還有：鰻魚、烏龜、貝類；蝙蝠、烏鴉、田鳧、貓頭鷹、蚊蚋、鶴、孔雀、草蜢、畫眉鳥、鶇、駝鳥、布谷鳥。

土星喜歡沙漠、樹林、不起眼的山谷、山洞、動物的巢穴、地洞、山岳與及任何埋有人類的地方，例如墓園。土星也喜歡遺跡、煤礦、溝渠、骯髒或臭氣沖天而又充滿泥濘的地方、水井及辦公的建築物。

土星管有鉛、鉛石、所有金屬的渣滓，也主管所有東西的塵埃及廢物。此外亦包含：藍寶石、青金石、荒野中所有黑色的、醜陋的石頭，不能打磨而且呈暗黑色、灰色或黑色的石頭。

土星會帶來多雲、陰沉的天色，陰晴不定的天氣，冰冷而不好的、厚的、黑漆漆的雲層，不過這可以另外再作專題論述。

106　原文Basilisk指的是希臘神話中只需一眼就可以殺人的蛇怪。

　　土星喜歡東邊的天空，並帶來東風，古時當人們收集任何屬於土星的植物時，他們發現只要於土星管轄的小時期間面向東方，這時候，土星很可能正在天宮圖其中一角，不論那是上升點還是第十宮，它也可能會在第十一宮，此時 ☽ 往往正跟土星發生 △ 或 ✳ 的入相位。

　　土星的可接受角距為前後 9 度，這意指它開始產生影響的範圍，不論它正與別的行星形成入相位或是有任何行星開始跟土星形成入相位，只要那行星進入了該相位中土星 9 度的範圍，土星就會發生影響力，一直到該行星離開了該相位 9 度以外的範圍。

　　一般來說，土星守護受孕後第一及第八個月。

　　土星象徵最大的年份為：四百六十五年，較大的年份為：五十七年，平均年份為：四十三年半，最少年份為：三十年。

　　上面的意思為：假設當我們建築新的房子、建立城鎮、城市或建立一個家族、或某封邑開始時，土星正位於必然尊貴或偶然尊貴位置，那麼，占星師往往推測該家族、封邑等等會興旺四百六十五年，期間不會遭遇任何想像得到的變卦。同樣地，在一個人的出生盤中，如果土星位處非常強勢位置或成為該星盤的守護星的話，那麼，根據土星的本質，這個人會有五十七歲壽命；如果土星只是一般強勢位置的話，則只會有四十三年壽命；如果土星是出生盤的守護星但弱勢的話，這孩子可能只有三十年壽命，而且很難可以活得更久，這是因為土星的本質是冷而乾的，而這特質對人具有破壞性。

關於年齡，土星跟衰老的老人、父親、祖父有關，這個衰老的意味也會類似地應用於植物、樹木及所有生物身上。

近代的作家認為土星守護巴伐利亞 [107]、薩克森自由邦 [108]、奧地利、義大利的羅馬涅地區 [109]、拉溫納地區 [110]、羅馬尼亞的哥士坦斯亞地區 [111] 及德國的因哥爾斯塔特地區 [112]。

土星象徵天使開希爾，祂也叫作卡堤爾 [113]。

土星的朋友為 ♃、☉ 及 ☿，敵人為 ♂ 及 ♀。

我們可以視星期六為土星的日子。逢星期六，由太陽升起的那一刻開始，土星就開始掌管。另外土星亦主管星期六的第一個小時及第八個小時。

107　巴伐利亞（Balvaria）為德意志聯邦共和國東南部的一個邦，其面積位居德國第一（占全國面積1/5）、人口第二（次於北萊茵—威斯伐倫），首府位於慕尼黑。

108　薩克森自由邦（Saxony）是德意志聯邦共和國的一個聯邦州，位於德國東部。

109　羅馬涅地區（Romandiola）。

110　拉溫納（Ravenna）是義大利艾米利亞—羅馬涅（EmiliaRomagna）區的一個城市。

111　哥士坦斯亞地區（Constantia）。

112　因哥爾斯塔特（Ingoldstad）是德國巴伐利亞邦的一座城市，位於多瑙河沿岸，人口數列巴伐利亞邦第六位。

113　開希爾（Cassiel，卡堤爾原文為Captiel）除了是守護寧靜及淚水的天使外，也是守護時間及因果的天使。

Chapter 9

木星及其象徵

　　木星（被占人安放）在土星的旁邊，你會發現它有時被稱爲宙斯或法
厄同 114。木星是肉眼看到的所有行星中最明顯的（除了☉、☽和♀），其
顏色明亮清晰，並且呈天藍色，其移動速度比土星快，需要十二年的時間
走完十二星座；其平均速度爲 4 分 59 秒，每天移動範圍會是 8、10、12
或 14 分的距離，很少會超出這範圍。

　　木星的最大北緯位置爲 1 度 38 分。

　　木星的最大南緯位置爲 1 度 40 分。

　　木星於十二星座中擁有兩個星座作爲自己的家，♐ 是它日間的家，♓
則是它晚上的家。

---

114 法厄同（Phaeton）爲希臘神話中赫利俄斯（Helios）的兒子，於神話中他要求駕駛父
　　親的太陽車，結果太陽車失控，爲大地帶來災難，最後宙斯不得已用閃電將其擊斃。

木星於 ♊ 及 ♍ 弱勢，於 ♋ 擢升，在 ♑ 落陷。

木星守護夜間的火相星座，也就是 ♈、♌、♐。

木星會於下列度數中成為「界守護」：

♈ 的 1、2、3、4、5、6 度

♉ 的 16、17、18、19、20、21、22 度

♊ 的 8、9、10、11、12、13、14 度

♋ 的 7、8、9、10、11、12、13 度

♌ 的 20、21、22、23、24、25 度

♍ 的 14、15、16、17、18 度

♎ 的 12、13、14、15、16、17、18、19 度

♏ 的 7、8、9、10、11、12、13、14 度

♐ 的 1、2、3、4、5、6、7、8 度

♑ 的 13、14、15、16、17、18、19 度

♒ 的 21、22、23、24、25 度

♓ 的 9、10、11、12、13、14 度

木星的「面守護」或「十度區間守護」位置如下：

♊ 的 1、2、3、4、5、6、7、8、9、10 度

♌ 的 11、12、13、14、15、16、17、18、19、20 度

♎ 的 21、22、23、24、25、26、27、28、29、30 度

℣ 的 1、2、3、4、5、6、7、8、9、10 度

ℋ 的 11、12、13、14、15、16、17、18、19、20 度

木星的逆行會持續一百二十天，逆行前的第一次停滯爲時五天，回復順行前的停滯爲時四天。

木星是日間的陽性行星，它溫熱而潮濕、屬於風元素、具有樂天的特質、有較大的幸運、是撰寫關於節制、謙遜、清晰及公義故事的作家。

木星是寬宏大量的、忠誠的、靦腆的、有志氣往上爬的、喜歡公平處事的、希望能夠造福每個人的、會做出美好事情的、值得尊敬的及虔誠的、能夠說出和藹而讓人愉悅的話的、美好地沉醉於與妻子及小孩的生活的、尊敬老人的、救濟窮人的、充滿善心及信仰的、自由的、痛恨所有骯髒行爲的、公正的、聰慧的、持重的、懂感恩的、有道德的。因此，當你在某個問題中發現任何人的象徵星或是任何人的本命盤中上升點的守護爲 ♃ 並且處於強勢位置的時候，你可以判斷這個人會有著上述特質。

當木星不幸的時候，它會把自己重要的資產浪費掉，會爲了隱藏自己而讓所有人受苦、會虛僞地虔誠、會變得堅持、會爲了維持虛假的教條而僵化；它是無知的、大意的、得到朋友的愛也毫不開心的、讓人煩厭或覺得沉悶的、分裂教會的、在任何群體中都會讓自己出醜的、在沒有必要的地方中卑躬屈膝的。

木星象徵了挺直高大的體型，膚色呈棕色、紅潤而惹人喜愛；面型橢

圓或較長，而且圓渾飽滿；高額頭，大而呈灰色的眼睛，頭髮柔軟且呈茶色，有不少的鬍子，肚子大而挺，大腿比例較大，而大腳掌應該是這些人身上最不雅觀的部分；他們說話清晰而且內容嚴肅認眞。

如果木星正處於逆行前的停滯，這個人的皮膚會比較乾淨，呈蜜色或是處於白皙及紅潤之間，具血紅特質，紅潤；大眼睛，身體較多肉，通常右腳會有痣或疤。

如果木星正處於順行前的停滯，這個人看起來純眞討喜，個子較矮，頭髮是淺棕色或接近較深的亞麻色，皮膚光滑，禿額。

木星象徵了裁判官、參議員、議員、教會的工作人員、祭司、牧師、樞機主教、大臣、歐陸法系的博士[115]、大學或學院裡的年輕學者和學生、律師、衣服商人及羊毛布販。

在疾病部分，木星象徵胸膜炎、肝臟的所有炎症、左耳、中風、肺炎、心慌和心悸、抽筋、脊骨痛、所有潛伏於靜脈或肋骨並由於血液不乾淨而引致的疾病、扁桃體周膿腫、暈眩、所有敗血症狀，或是基於過飽而引致的發熱。

木星守護甜美的、好聞的香氣，或是所有味道不極端、不讓人反感的氣味。

115　歐陸法系（Civil Law）爲當今世界兩大最重要法律體系之一。

　　木星象徵的顏色是海綠色或藍色、紫色、灰色及黃和綠的混合色。

　　木星主管丁香花或丁香糖、肉豆蔻乾皮粉、肉豆蔻、紫羅蘭、草莓、菊蒿、水蘇屬植物、莛子藨屬及百金花屬植物、胡麻、春蓼、延胡索、肺草屬植物、紫蘩蔞、牆上植物、牛至、大黃、夏枯草、琉璃苣、牛舌草、小麥、柳草、柴胡、播娘蒿、苔綱植物、羅勒、石榴、牡丹、甘草、薄荷、雛菊、短舌匹菊及藏紅花。

　　櫻桃樹、樺樹、桑樹、珊瑚樹、橡樹、伏牛、橄欖、醋栗樹、杏仁樹、常春藤、歐洲白蠟樹、荳蔻、藤蔓、無花果樹、梣樹、梨樹、榛樹、櫸樹、松樹及葡萄乾。

　　鸛、鷸、雲雀、鷹、歐鴿、鷓鴣、蜜蜂、雉雞、孔雀及母雞。海豚、鯨魚、大蛇、鬚鯰。

　　綿羊、公鹿、雌鹿、體型大的牛、大象、龍、老虎、獨角獸、而所有性格溫馴並對人類有好處的野獸都歸木星守護。

　　木星喜歡教堂裡的祭壇、公眾大會、教會會議、集會、整潔而美好的地方、衣櫃裡面、法院及演講廳。

　　木星主管錫、紫水晶、藍寶石、綠寶石、黃鋯石、黃玉、水晶、馬糞石、雲石，以及我們英國人稱之為「自由之石」的石頭。[116]

116　所謂自由之石（FreeStone），意指於中古時代建築時用來模塑及用於花飾窗格中所使
　　　用的石材，這種石材必須沒有太多粗粒的雜質、質地一致並且較軟，以便於切割過程

木星會帶來平和、怡人而舒適的北風，而其柔和的光線會緩和任何之前曾提及的凶星所帶來的壞天氣。

木星的可接受角距爲其所形成的任何相位的前後9度。

木星守護受孕後第二及第十個月；它守護人體的肝臟。元素方面，木星守護風元素。

木星象徵的最大年份爲四百二十八年，較大年份爲七十九年，平均年份爲四十五年，最少年份爲十二年。

木星象徵中年人，或是那些慎重考慮並且審慎判斷的人。

木星守護第二氣候帶[117]。

木星守護巴比倫、波斯、匈牙利、西班牙及德國科隆。

數字3是木星的數字。

木星象徵天使薩基爾[118]。

中不至於碎裂。

117 所謂「氣候帶（Climate）」，意指有著同一特定氣候及日照時間的地區。於傳統占星學中，一方面，古人們把七種氣候帶的天氣及日照跟黃道上的某些星座及行星的特色拉上關係；以行星來說，古人們以行星於天球及宇宙所在位置與及氣候帶所在的地理位置建立關係，於是，土星跟第一氣候帶有關，木星跟第二氣候帶有關，火星跟第三氣候帶有關，如此類推。第一氣候帶最接近赤道，第七氣候帶最接近北極圈。參考自 Shlomo Sela 所著的《*Abraham Ibn Ezra and the Rise of Medieval Hebrew Science*》一書。

118 薩基爾（Zadkiel）是守護自由及美德的天使。

　　星期四是木星的日子，它也掌管當天的第一個及第八個小時，你必須知道 ⊙ 升起的時間，才能知道每個行星時的長度，在後面的內容中，會有一個表格提供相關資料 119。

　　除了 ♂ 以外，所有行星都是 ♃ 的朋友，當你收集任何跟 ♃ 相關的草藥時，你會發現它正處於必然尊貴或偶然尊貴的位置，而 ☽ 在某程度上也會跟它產生良好相位，甚至可能讓它也處於某些尊貴的位置。

119　該表格於第二卷中，故未出現於本書內。

Chapter 10

火星及其象徵

　　火星位在木星之前，古人有時會稱呼它爲瑪華斯 [120]、阿瑞斯 [121]、佩
洛艾斯 [122] 及克里德伐斯 [123]，其大小比木星或金星小，於我們眼中，它閃
閃發亮而且兇猛。火星需要大約三百二十一日走完十二星座，其最大北緯
位置爲 4 度 31 分，最大南緯位置爲 6 度 47 分。

　　火星平均速度爲 31 分 27 秒。它每日速度徘徊於 32、34、36、38、
40、42 或 44 分之間，很少會超出這個範圍。

　　火星日間的家爲 ♈，晚間的家爲 ♏；它於 ♑28 度擢升，於 ♋28 度落

---

120 瑪華斯（Mavors）一字源自古拉丁文，火星英文名字Mars是由這個古拉丁名稱得来
　　的。

121 阿瑞斯（Ares，這裡原文寫Aris）爲希臘神話中的戰神，Mars爲羅馬神話中對應的戰
　　神。

122 佩洛艾斯（Pyroeis）爲希臘神話中的火星之神。

123 克里德伐斯（Gradivus）爲古代將領及戰士們出戰前向其起誓將會勇猛作戰的戰神。

陷，在 ♉ 及 ♎ 弱勢，其逆行持續八十天，逆行前的第一次停滯爲時二至三天，回復順行前的停滯爲時二天，順行後則停滯一天。

火星守護所有的水元素星座，也就是 ♋ 、♏ 、♓。

於十二星座中，托勒密把下列位置列爲火星成爲「界守護」的度數：

♈ 的 22、23、24、25、26 度

♉ 的 27、28、29、30 度

♊ 的 26、27、28、29、30 度

♋ 的 1、2、3、4、5、6 度

♌ 的 26、27、28、29、30 度

♍ 的 25、26、27、28、29、30 度

♎ 的 25、26、27、28、29、30 度

♏ 的 1、2、3、4、5、6 度

♐ 的 26、27、28、29、30 度

♑ 的 20、21、22、23、24、25 度

♒ 的 26、27、28、29、30 度

♓ 的 21、22、23、24、25、26 度

火星的「面守護」或「十度區間守護」位置如下：

♈ 的 1、2、3、4、5、6、7、8、9、10 度

♊ 的 11、12、13、14、15、16、17、18、19、20 度

♌ 的 21、22、23、24、25、26、27、28、29、30 度

♏ 的 1、2、3、4、5、6、7、8、9、10 度

♑ 的 11、12、13、14、15、16、17、18、19、20 度

♓ 的 21、22、23、24、25、26、27、28、29、30 度

火星是陽性的夜間行星，本質熱而乾燥、具易怒特質、兇猛，它跟較微細的不幸運有關，也是撰寫關於吵鬧、爭論及立場產生衝突等主題故事的作家。

火星代表戰爭及無與倫比的勇氣，它藐視任何想要超越自己的存在；它是驕傲的、自信的、不動如山的、備受爭議的；它挑戰任何在自身面前的榮耀，英勇的它愛好戰爭以及與戰爭相關的事物，會為了任何危機而危害自己，它不願意尊敬或委身於任何人，只為自己的行為負責，在火星眼中，沒有事情比勝利更加重要，但他在處理自己的事情時仍舊相當謹慎。

然而，火星也會是一個既不謙遜也不誠實、並且滿口空談的人，它會是一個熱愛廝殺及爭執的人，謀殺、盜竊、造謠生事、煽動叛亂、路匪、像風一樣搖擺不定、背叛者、有著不安定的靈魂、做偽證的、猥褻的、魯莽的、不人道的；它既不畏懼神也不關懷別人，它不知感恩、奸詐、壓榨別人、經常覺得快餓壞了、愛說謊、易怒及充滿暴力。

一般來說，武術家會具備這種體格，他們不單只擁有中等體格，而且身體強壯、骨架也大，而不是一般的胖或瘦；它們的膚色屬於棕色中帶有紅潤，臉形偏圓，頭髮呈紅色或靠近沙的亞麻色，而且可能易斷或是捲

髮，瞳孔是亮的榛子色，而且目光銳利；他們神色驕傲，這些人既活躍又無畏。

當 ♂ 是東方行星，它象徵剽悍的人，臉色白中帶紅，身型高大而且多毛。

當 ♂ 是西方行星，此人臉色會相當紅潤，但身材一般，頭部較小，身體光滑少毛，毛色較淡而且質地較硬，體液一般來說會比較少。

火星象徵了獨裁管治或遭到壓制的王子，它也象徵暴君、篡位者及新的征服者。

此外，亦象徵著軍隊中的將軍、上校、隊長，或任何可於軍中發佈司令的士兵、所有的士兵、醫生、藥劑師、急救人員、鍊金術師、槍手、屠夫、元帥、軍官、法警或執達吏、劊子手、小偷、工匠、麵包師傅、軍械士、鐘錶師傅、修補衣履的工匠、裁縫、刀匠、理髮師、染布工人、廚師、木匠、賭徒、皮匠及染皮革工人。

疾病方面，火星象徵膽囊、左耳、持續三日的發熱、非常嚴重的發熱、偏頭痛、癬、瘟疫及所有跟瘟疫相關的炎症、灼傷、癬、水泡、發狂，沒有先兆的怒火攻心、黃疸、痢疾、瘋，所有跟男性生殖器有關的傷口及疾病、腎石及膀胱結石、臉上的傷疤或痘疤、所有因鐵器而造成的傷口、帶狀疱疹，與及其他因為黃膽汁、怒火或情感過盛而引致的疾病。

火星喜歡紅色，也喜歡黃色、火熱的、以及耀眼的顏色，例如藏紅

花；味道方面，火星的味道是苦澀、刺鼻而且麻辣的；與火星相關的體液是黃膽汁。

我們分配給火星管轄的草藥通常都是紅色的、葉子形狀較尖而且鋒利、味道霸道而且辛辣、喜歡生長在乾旱地方的、具腐蝕性的、並且以其最輕微的熱度就能夠穿透血肉和骨頭的植物，這些植物包括蕁麻與及各式各樣的薊。

芒柄花屬、南歐大戟、紅荊棘及白荊棘，其中白荊棘被草藥學家鄙俗地稱爲「撞我 [124]」、白藜蘆、洋蔥、旋花科植物、蒜、芥末籽、胡椒、薑、韭菜、寬葉獨行菜、歐洲夏至草、毒堇、小葉紫檀、酸豆，以及所有會讓我們身體產生共鳴並增加黃膽汁分泌的草藥，包括：蘿蔔、海狸香、蓼、細辛屬植物、藏掖花及由曬乾的西班牙蒼蠅所製成的藥粉。

此外還包含所有帶刺的樹，包括一些帶刺的灌木及栗子。

美洲豹、老虎、獒、禿鷲、狐狸；好戰、嗜血及傲慢的生物、河狸、馬、騾、駝鳥、山羊、獵豹、野驢、蚊蚋、蒼蠅、田鳧、蛇怪 [125]、格里芬犬。

鷹、禿鷲、所有嗜血的飛禽、渡鴉、鸏鷥、貓頭鷹（也有人說老鷹）、烏鴉、鵲。

124　原文爲ramme，其實爲ram me，這裡有一般市井的性暗示。
125　原文爲cockatrice，爲傳說中的雙頭蛇怪。

　　工匠店、熔爐、屠場、燃燒磚頭或炭的地方、煙囪、鍛鐵爐。

　　鐵、銻、砷、硫磺、赭石、硬石 [126]、磁石、雞血石、碧玉、有著許多不同顏色的紫水晶、試金石、紅丹或辰砂。

　　紅雲、行雷閃電、激烈的天氣、激烈的氣流，通常由持續乾旱及平穩的天氣後所出現的一些不適當的、不健康的霧所造成。

　　火星會捲起西風。

　　火星的可接受角距為其所形成的任何相位的前後 7 度。

　　火星象徵從青春期開始、人生蓬勃發展的一段時間，也包括四十一至五十六歲這段時期，它的最大年份為二百六十四年，較大年份為六十六年，平均年份為四十年，最少年份為十五年。

　　火星守護的地方包括薩爾馬提亞 [127]、倫巴底 [128]、巴達維亞地區 [129]、費拉拉 [130]、哥特蘭（西瑞典）及第三氣候帶。

　　星期二是火星的日子，它主管當天的第一個及第八個小時，以及受孕後的第三個月。

126　包括鑽石和其他質地堅硬的礦石。
127　薩爾馬提亞（Sarmatia）大約位於現今歐洲東北部、東歐大草原至中亞一帶。
128　倫巴底（Lombardy）是一個位於阿爾卑斯山和波河的一個義大利北部大區。
129　巴達維亞（Batavia）大致等同現今荷蘭的海爾德蘭省（Provincie Gelderland）一帶。
130　費拉拉（Ferrara）是位於義大利東北部艾米利亞—羅馬涅波河畔的一座城市。

　　火星象徵天使薩麥爾 [131]，金星是他唯一的朋友，餘下所有行星都是其敵人。

---

131 在猶太傳說中，薩麥爾（Samael）是死亡天使。

Chapter 11

太陽及其象徵

太陽位於所有行星的中間，它被古代的詩人及歷史學家們稱爲索爾 [132]、泰坦 [133]、赫利奧斯 [134]、菲比斯、阿波羅 [135]、培安 [136]、奧西里斯 [137] 及迪斯匹他 [138]；我應該不用多費唇舌去描述它的顏色，因爲它一直

---

132 索爾（Sol）是古羅馬神話中司職太陽的神祇之一，祂也被稱爲「無敵之索爾（Sol Invictus）。

133 泰坦爲在原始神之後出現的古老神族。

134 赫利奧斯（Helios）是古希臘神話中的太陽神，相對應於古羅馬神話中的索爾；他是在太陽神阿波羅之前擔任駕駛日車的神祇。

135 菲比斯（Phoebus）即阿波羅（Apollo），希臘神話中的太陽神，奧林匹克山上十二位大神之一。

136 原文所述爲Paean，在英文解作「頌歌」，字源本身有著「透過魔法治療疾病」的意思，而於荷馬的詩作中，培安（Paeon）會使用自己那帶有藥效的歌謠爲神祇們醫病，後來Paeon或Paean也成爲了阿波羅的其中一個稱號，讓祂成爲既能帶來疾病也能治病的太陽神。

137 奧西里斯（Osiris）爲埃及神話中的冥界之神。

138 原文Diespiter爲拉丁文，意思爲羅馬神話中眾神之王朱比特（Jupiter）。

讓所有凡人們清楚看見，它需要一年或三百六十五天又數小時去走完十二星座。

太陽的平均速度為 59 分 8 秒，但它每天的移動範圍有時會達至 57 分 16 秒甚至多達 61 分 6 秒的距離；它只會在黃道上移動，也不會有任何緯度，所以，任何占星師如果提及太陽的緯度，都是一件極不恰當的事情。

太陽的家只有 ♌，它於 ♒ 弱勢，它在 ♈19 度擢升，在 ♎19 度落陷。

太陽守護所有的火相星座，也就是日間的 ♈ ♌ ♐。

太陽沒有自己的「界守護」度數，但有人認為當太陽在北方的六個星座，也就是 ♈、♉、♊、♋、♌、♍ 的話，那它就算是正位於「界守護」位置，但因為這理論背後沒有任何根據，所以我先不管它。

太陽的「面守護」或「十度區間守護」位置如下：

♈ 的 11、12、13、14、15、16、17、18、19、20 度
♊ 的 21、22、23、24、25、26、27、28、29、30 度
♍ 的 1、2、3、4、5、6、7、8、9、10 度
♏ 的 11、12、13、14、15、16、17、18、19、20 度
♑ 的 21、22、23、24、25、26、27、28、29、30 度

太陽永遠都只會順行，不會逆行，雖然有時候它真的會走得比平常慢。

　　太陽的本質是自然的熱且乾燥的，但它的熱比火星溫和；太陽是陽性的、日間的行星，如果位於強勢位置的話，它會等同於一定程度的幸運。

　　太陽是非常忠誠的，它會原原本本的履行自己的承諾；此人會心癢地想要統治及影響自己出生的地方；它是持重的，而且其判斷力無人能及，它有著相當的威嚴及莊嚴感，會相當努力去獲得榮耀及繼承先祖留下的權力及資產，但也會願意再次離開這些特質；有著太陽特質的人通常說話有力，雖然話不多，但是這些話語都透露著極度的自信，而且能充分表達自己的情感；它是很多主意的、神祕的、可靠的、有目的發言的、不能夠按捺自己強烈心意的；它也是和藹可親的、容易相處的、而且對所有人都相當人道的；這會是一個喜愛華麗氣派的人，他也會喜歡任何值得榮耀的東西；任何骯髒的思想都不能夠進入他的心。

　　然而，太陽也會是一個驕傲跋扈、鄙視所有人的人，他會打擊自己的家系歷史，目光及判斷都相當短視，他煩躁不安、麻煩而且盛氣凌人；他沒內涵、有太多可以花的錢、愚蠢、說話沒深度或者不想清楚就行動，他揮霍無度，把遺產胡亂的花掉，並依靠別人的接濟而活，但他還是會認為所有人都不會離他而去，因為他覺得自己天生就是一個上流的紳士。

　　一般來說，太陽代表有著良好、體型較大及強壯的體格；黃色或橘黃色的膚色，額頭圓而大，而且形狀突出；身體強壯而且結實，可能不太讓人喜歡也不太好看，體溫高，頭髮呈金色因此會較快禿頭，鬍子的毛髮較多，而且通常顏色較紅，身體也比較多肉。在某些情況下，他們會非常慷

慨、誠實、親切、心地善良而且有愛心、有著崇高的精神、身體健康而且
非常仁慈，不過，他們只是有著非常好的內心，這些人話不多。

　　關於太陽，我們只會說它位於星圖中的東方、東方象限或西方之類，
不像其餘所有行星，當這些行星早上比太陽先升起，它們就是東方行星，
而當太陽落下後，如果它們仍然於地平線之上，就會被稱爲西方行星。

　　太陽象徵了皇帝、太子、國王等等，也象徵公爵、侯爵、伯爵、男
爵、某地方的陸軍中尉或海軍上尉及副尉、地方法官、一般的男士、朝
臣、追求榮耀及升遷的人、太平紳士、市長、高級警長、高級警官、厲害
的獵人、有錢人家裡的管家、任何城市、市鎮、城堡或村莊的首席治安官
（即使他官階只是一個小官也好，只要沒有任何更高階的人在他之上就
行）、金匠、黃銅匠、錫匠、銅匠及鑄幣者。

　　疾病方面，太陽象徵臉上的小膿包，心悸或驚恐、又或是任何跟心臟
或腦袋有關的疾病，跟耳膜相關的疾病，眼部發炎，痙攣，突然昏倒，跟
口腔有關的疾病及口臭，感冒，非常嚴重的發熱。在人體中，太陽主要跟
心臟、腦袋及生命力有關，它主管右眼，但對於女性來說，太陽會變成守
護左眼。

　　太陽守護黃色、金色、緋紅色或鮮紅色，也有些人說它守護紫色。至
於味道，它喜歡混合了酸跟甜的味道，又或是聞起來略爲苦澀刺鼻卻叫人
感到恢復精神的氣味。

　　受太陽守護的植物氣味都很怡人或是味道都很好，花朵則呈黃色或紅色，而且生長得很雄偉；太陽喜歡開闊的、充滿陽光的地方，它們主要的好處是加強心臟並讓人放鬆心神、明目、抗毒、或是消除任何巫術或凶星的影響。植物方面包括藏紅花、月桂樹、枸櫞類水果、葡萄、土木香、金絲桃、琥珀、麝香、薑、芸香、蜜蜂花屬植物、萬壽菊、迷迭香、羅索利奧 139、肉桂、白屈菜、小米草屬植物、牡丹、大麥、委陵菜屬植物、甘松、沉香及砷 140。

　　桫樹、棕櫚樹、月桂樹、沒藥樹、乳香樹、箭竹樹、柏樹、天芥荽屬植物、橘樹及檸檬樹。

　　獅子、馬、公羊、鱷魚、公牛、山羊、螢火蟲。海豹、蟹魚 141、海星。

　　鷹、公雞、鳳凰、夜鶯、孔雀、天鵝、鶺鴒、西班牙蒼蠅、蒼鷹。

　　王子的房子和庭園、皇宮、劇場、所有光潔整齊又華麗的建築物、飯廳。

　　在元素當中，太陽主管火元素和明亮的火焰，而它也守護金。

139　中古時期的英國有一種叫做「提神水（cordial water）」的含酒精飲料，有助強心提神，Rosa Solio或Rosolio（羅索利奧）這種植物正是這種飲料最重要原材料之一。

140　雖然砷不是植物，但作者把它放在植物的段落裡。

141　蟹魚（Crabfish）為英國傳統相傳的生物，來自一首英國的低俗民歌，所謂的蟹魚所指應該是龍蝦。

　　鋯石、貴橄欖石、硬石、紅榴石、於鷹巢中找到的鷹石，以及傳說中的潘塔爾石 142，如果真的有這種石頭存在的話，那應該就是紅寶石。

　　太陽會根據季節帶來不同的天氣，它會為春天帶來溫和濕潤的細雨，當太陽於夏天跟火星在一起時，會帶來極端的高溫，它會為秋天帶來霧，會為冬天帶來微雨。

　　太陽喜歡東方的世界，也喜歡來自那裡的風。

　　太陽的可接受角距為其所形成的任何相位的前後 15 度。

　　關於年紀，太陽守護青春或是某人最強盛的年紀；它的最大年份為一千四百六十年，較大年份為一百二十年，平均年份為六十九年，最少年份為十九年。

　　太陽守護的地方包括義大利、西西里、波希米亞 143、第四氣候帶、腓尼基 144 及迦勒底 145。

　　太陽象徵的天使為米迦勒 146。

142　原文為the pantaure，資料不詳。

143　所謂波希米亞（Bohemia），即中古時的波希米亞王國，範圍大致相當於今天的捷克及斯洛伐克。

144　腓尼基（Phoenicia）大致等同於今天的黎巴嫩。

145　迦勒底（Chaldea）是一個古代地區的名稱，屬巴比倫尼亞南部，即現今伊拉克南部及科威特。

146　米迦勒（Michael）為《聖經》中唯一有記載的天使長，有人說祂是天使大軍的統帥。

　　太陽守護星期日，以及當天的第一個及第八個小時；至於數字，太陽
的數字是 1 和 4，它也守護受孕後的第四個月。土星是太陽唯一的敵人，
餘下所有行星都是它的朋友。

Chapter 12

金星及其象徵

　　排在太陽之後的是金星，她有時會被稱爲基西妮亞 [147]、阿芙蘿黛蒂 [148]、福斯福洛斯 [149]、維斯帕路戈 [150] 及埃莉辛娜 [151]。

　　金星相當明亮，並且被一般人俗稱爲暮星或赫斯珀洛斯 [152]，這名字指的是於太陽落下之後出現的金星；當她出現於日出前，人們稱呼她爲晨星，又或是那眾所周知的名字：啓明之星 [153]。

---

147 基西妮亞（Cytherea）爲金星女神阿芙蘿黛蒂的別名，意指「來自基西拉島（Cythera）的女士」，相傳那裡是她的出生之地。

148 阿芙蘿黛蒂（Aphrodite）爲希臘神話中的金星女神，Venus爲其於羅馬神話中的對應。

149 福斯福洛斯（Phosphoros）爲希臘神話中的晨星，別名爲厄俄斯福洛斯（Eosphorus）。

150 維斯帕路戈（Versperugo）爲古羅馬劇作家普勞圖斯（Platus）對金星的稱呼。

151 埃莉辛娜（Ericina）這名字跟西西里島的金星神廟Temple of Venus Erycina有關。

152 赫斯珀洛斯（Hesperus），即希臘神話中的暮星之神。

153 啓明之星爲「路西法（Lucifer）」原來的意思，於許多基督教傳說中，路西法爲撒旦墮落成魔鬼之前、仍然身爲天使時的名字。

金星平均速度爲 59 分 8 秒，它每日速度徘徊於 62、64、65、66、70、74 或 76 分之間，但永遠不會超出 82 分這範圍。

她最大的南北緯度數爲 9 度 2 分，於一六四三年，她曾經到達北緯 8 度 36 分的位置。

金星的家爲 ♉ 及 ♎，它於 ♓27 度擢升，在 ♈ 及 ♏ 弱勢，於 ♍27 度落陷。

金星守護所有的土相星座，也就是 ♉、♍、♑。它逆行前的第一次停滯爲時二天，回復順行前的停滯會持續多天，而逆行則會持續四十二天。

金星的「界守護」度數如下：

♈ 的 7、8、9、10、11、12、13、14 度

♉ 的 1、2、3、4、5、6、7、8 度

♊ 的 15、16、17、18、19、20 度

♋ 的 21、22、23、24、25、26、27 度

♌ 的 14、15、16、17、18、19 度

♍ 的 8、9、10、11、12、13 度

♎ 的 7、8、9、10、11 度

♏ 的 15、16、17、18、19、20、21 度

♐ 的 9、10、11、12、13、14 度

♑ 的 1、2、3、4、5、6 度

♒ 的 13、14、15、16、17、18、19、20 度

♓ 的 1、2、3、4、5、6、7、8 度

金星的「面守護」或「十度區間守護」位置如下：

♈ 的 21、22、23、24、25、26、27、28、29、30 度

♋ 的 1、2、3、4、5、6、7、8、9、10 度

♍ 的 11、12、13、14、15、16、17、18、19、20 度

♏ 的 21、22、23、24、25、26、27、28、29、30 度

♓ 的 1、2、3、4、5、6、7、8、9、10 度

　　金星是陰性的夜間行星，本質微冷而潮濕、略帶幸運、是充滿快樂及歡笑的故事的作家；她跟風元素及水元素有關，具有冷靜的特質，與精神及生育有關。

　　金星象徵了安靜的人，他們不喜歡牽涉於訴訟、爭吵或紛爭之中，他們不惡毒、愉悅、整齊乾淨、喜歡在談話和行動中得到歡樂，也喜歡穿戴整潔；他們對性愛的歡愉沒有抵抗力，往往會陷於戀愛問題之中、熱心於自己的感情之中；他們音樂感強，喜歡泡澡及所有讓人放鬆及感到愉悅的事情，也喜歡面具及戲劇；他們容易相信人，不喜歡體力勞動也不喜歡痛楚，他們喜歡與人為伴，生性樂天，不認為有任何事情是不可信的；他們會是品性良好的男女，即使往往會身陷於嫉妒之中，但他們通常不會是感到嫉妒的一方。

　　然而，這個人也可能是放縱的、揮霍的、覬覦人家妻子或丈夫的、亂倫的、毫不在意自己名聲的、完全不學無術的、不忠誠的、名聲不好的、沒有信用的人；他會用盡方法讓自己終日窩在酒吧或酒館裡，與那些不像話的、放蕩的人在一起；他會是一個既卑劣又懶散的同伴，對人生或宗教相關的任何事情都毫不在意；他也可能會是一個完全的無神論者。

　　他會是一個漂亮的人，但個子不高，膚色白皙，也可能會稍微有一點黝黑，讓這個人看起來更加讓人喜愛，眼睛非常迷人討喜，瞳孔略帶黑色，臉型圓而且不大，頭髮不但柔軟順滑而且髮量多，通常呈淺褐色，唇型好看而且呈櫻桃色，臉看起來滿有肉，有一雙圓滾滾而且閃爍的眼睛，身體討人喜歡而且身型非常好，這個人會努力維持纖瘦，而且經常讓自己的衣服跟身體都一樣保持整潔，臉上會有可愛的酒窩及一雙忠誠的眼睛，並且充滿讓人想要與其一同墜入愛河的神色。

　　當 ♀ 是東方行星，此人身材偏向高挑，或者看起來身板挺直，不會太豐滿或太高，看起來相當得體；他會是一個讓人難以抗拒的人，是一個長相好看、挑不出缺點的男人或女人。

　　當 ♀ 是西方行星，這個人會比較矮，但形態看起來非常得體標緻，讓所有人都喜愛。

　　金星象徵音樂家、賭徒、絲綢商、成衣商、亞麻布商人、畫家、珠寶商、寶石打磨師、繡花工人、女裝裁縫、妻子、母親、處子、唱詩班成員、小提琴樂師、吹笛樂師；當金星跟月亮在一起的時候，可能會是：歌

手、調香師、裁縫、人像畫師、雕刻師、室內裝修師、製作泥金裝飾手抄本的工人 154、製作手套的工人、所有售賣用來裝飾女人面孔（例如化妝品）或身體（例如衣服）用品的人。

金星象徵的疾病主要跟子宮跟生殖器、腎臟、肚子、背脊、肚臍及附近位置有關，淋病或腎病、梅毒，任何跟縱慾有關的疾病，例如陰莖異常勃起、性無能、疝氣等等，此外還有糖尿病或跟小便相關的疾病。

關於顏色，金星象徵白色或是混雜了一點褐色或綠色的、接近奶白色的天藍色；味道方面，它喜歡讓人愉快及開胃的味道；氣味方面，她喜歡芬芳撲鼻的、濃得讓人心醉的，並且會讓人變得放蕩的氣味

關於植物，金星象徵桃金娘科植物，另外，所有金星守護的草藥都有著甜味及怡人的香氣，某種葉子平滑沒有鋸齒邊而且味道溫和的白花；金星守護百合花，包括白百合、黃百合、鈴蘭及睡蓮，白星海竽屬植物，逢子荣，紫羅蘭，白水仙及黃水仙。

蘋果、白玫瑰、無花果、白檄樹、野桲樹、栗樹、橄欖樹、橘子、艾草、羽衣草屬植物、變豆菜屬植物、香脂樹、馬鞭草、胡桃、杏仁、雜穀、纈草、百里香、琥珀、勞丹脂、麝香、香荣、蕎麥、桃、杏桃、李子、葡萄乾。

---

154 所謂泥金裝飾手抄本（illuminated manuscripts），其內容通常是關於宗教的，內文由精美的裝飾來填充，例如經過裝飾性處理的首字母和邊框。泥金裝飾圖形則經常取材自中世紀紋章或宗教徽記。

牡鹿、美洲豹、體型較小的牛、兔子、小牛、山羊。

歐鴿、鵪鴿、麻雀、母雞、夜鶯、畫眉鳥、鶒鵡、鷿鵖、白眉姬鶲、某種吃葡萄的鳥[155]、蒙鳩、老鷹、天鵝、燕子、烏鶇、鵲，還有海豚。

花園、噴泉、新娘室、漂亮舒適的民居、床、牆上的掛勾、跳舞學校、衣櫃。

銅，尤其是一種科林斯銅，黃銅，所有銅製器具。

瑪瑙、天藍色的藍寶石、白色及紅色的珊瑚石、白鐵礦、雪花石膏、青金石（因為它會驅走憂鬱特質）、綠玉、貴的橄欖石。

金星守護熱而濕的南風，她也守護夏天的風，金星能預知夏天的平和或天朗氣清的天氣；她在冬天會帶來雨或雪。

金星的可接受角距為其所形成的任何相位的前後 7 度。

金星的最大年份為一百五十一年，較大年份為八十二年，平均年份為四十五年，最少年份為八年。金星守護十四歲至二十八歲的年紀。

金星守護的區域：阿拉伯、奧地利、卡珀娜地區[156]、維也納、波

---

155 作者沒有記下該種鳥類的名字。
156 卡珀娜地區（Campagna）義大利中部羅馬附近一個名為拉吉歐（Lazio）的低窪地區。

蘭、圖林根 [157]、帕提亞 [158]、米底亞 [159]、塞浦路斯及及第六氣候帶。

金星的天使是漢尼爾 [160]。

星期五是金星的日子，它主管當天的第一個及第八個小時，與及受孕後的第一個月；她也是土星以外所有行星的朋友。

157　圖林根（Turing），德國十六邦之一。
158　帕提亞（Parthia）是伊朗東北部的一個地區，為古波斯地區的帕提亞王國發跡及發展之地。
159　米底亞（Media）是伊朗西北部地區，為古波斯地區的米底亞王國發跡及發展之地。
160　漢尼爾（Haniel）的希伯來文據說傳有著「喜樂、愉悅」的意思。

Chapter 13
水星及其象徵

　　水星也被稱爲赫密斯 [161]、斯堤爾邦 [162]、塞倫尼阿斯 [163] 或阿卡斯 [164]，它是行星中最細小的，永遠不會距離太陽超過 27 度的距離，這也代表它很少能夠被我們的肉眼所看到。

　　水星呈黯淡的銀色，其平均速度爲 59 分 8 秒，它有時會快到每天移動 1 度 40 分的距離，但不會超過這範圍，因此，如果你發現它於一天中移動了 66、68、70、80、86 或 100 分的距離的話也不用驚訝；它停滯時間會維持一天，逆行時間維持二十四天。

---

161 赫密斯（Hermes）爲希臘神話中的使神，也即羅馬神話中的墨丘利（Mercury）。

162 斯堤爾邦（Stilbon）爲希臘神話中的水星之神。

163 塞倫尼阿斯（Cyllenius）爲赫密斯的別號，源自拉丁文，跟希臘阿卡迪亞（Arcadia）的塞倫山（Mount Cyllene）有關，赫密斯在那裡有一座神廟，也有說因爲那裡正是其出生之地。

164 阿卡斯（Arcas）意指「來自阿卡迪亞的人」。

水星最大的南緯度數爲 3 度 35 分，最大北緯度數爲 3 度 33 分。

水星的家爲 ♊ 及 ♍，它於 ♍15 度擢升，在 ♐ 及 ♓ 弱勢，於 ♓ 落陷。

水星守護所有夜間的風相星座，也就是 ♊、♎ 、♒。

水星的「界守護」度數如下：

♈ 的 15、16、17、18、19、20、21 度

♉ 的 9、10、11、12、13、14、15 度

♊ 的 1、2、3、4、5、6、7 度

♋ 的 14、15、16、17、18、19、20 度

♌ 的 7、8、9、10、11、12、13 度

♍ 的 1、2、3、4、5、6、7 度

♎ 的 20、21、22、23、24 度

♏ 的 22、23、24、25、26、27 度

♐ 的 15、16、17、18、19、20 度

♑ 的 7、8、9、10、11、12 度

♒ 的 7、8、9、10、11、12 度

♓ 的 15、16、17、18、19、20 度

水星的「面守護」或「十度區間守護」位置如下：

♈ 的 1、2、3、4、5、6、7、8、9、10 度

♋ 的 11、12、13、14、15、16、17、18、19、20 度

♍ 的 21、22、23、24、25、26、27、28、29、30 度

♐ 的 1、2、3、4、5、6、7、8、9、10 度

♒ 的 11、12、13、14、15、16、17、18、19、20 度

　　我們也許不會把水星歸於陰性或陽性，因為它往往會受到跟其有關聯的行星影響，如果跟陽性行星合相的話，水星就會是陽性行星，而如果跟陰性行星合相的話，水星也會變成陰性行星。不過，水星本身的特質是寒冷乾燥的，因此有著憂鬱的特質，跟吉星一起的時候，它會是好的行星，而跟凶星在一起時，它也會變成不好的行星。它跟水元素有關，也混合了其他體液的特質 165；它主管人類的動物性；它所撰寫的故事，主題往往跟我們內心的城府、把戲、詭計及偽證有關。

　　水星位於強勢位置的時候，它代表了有城府、有政治頭腦的人，這個人既聰明又懂深思熟慮；他會是一個出色的辯論家或邏輯學家，會為了學習及對事情的斟酌而跟別人辯論，並於言論中盡情展現自己的口才；他們會是所有神祕事物及學習的探索者；他們既尖銳又聰慧，幾乎可以不靠任何老師就學懂所有事情；他們抱著能將每種學科都表現超卓的夢想，而且天生就渴望到處旅遊，多看看不同的地方；這種人有著永不褪減的想像力，對探索任何神祕學的知識有著好奇心；他們能夠憑著自身的天才去製造奇蹟，天生就對占卜預言及較神祕的知識感興趣；如果他成為商人的

---

165 正如水星本身會因為其他行星而影響特質一樣，它在體液方面的特質也會因此而有所
　　改變，但基本上是有著黑膽汁的特質。

話，沒有人的貿易技巧會超越他，在想出新方法去獲得財富方面，水星無人能出其右。

水星亦象徵一個讓人棘手的聰明人，一個瘋狂的人，他說的話跟所寫的東西會跟全人類對著幹，會把所有時間跟心力花在吹噓上，並做出一些聽似相當不錯、實際毫無目的的結論；一個相當會說謊的人，一個滿口空話的人，一個愛管閒事的人，愛編故事的人，對奇怪的技藝感興趣的人，例如巫術之類的不神聖的知識；容易相信別人的蠢材，一直都當牆頭草，到處欺騙偷竊的人，愛說八卦的人，一個裝作甚麼都懂、但其實不學無術的人；一個無聊的人，一個真正的瘋子；如果這個人是神職人員的話，那麼此人純粹只是嘴巴厲害而已；這個人是空洞的、沒判斷力的、容易陷進變態思維的；他除了說無聊話跟抱怨以外一直不能專心做一件事。

一般來說，水星代表一個個子高但身形單薄的人，額頭高，臉型有點窄長，鼻子高，眼睛好看，但不會是全黑也不會是全灰色，薄唇，鼻子窄，鬍子很少，但頭髮很多，而且髮色是接近黑色的棕色；手臂、手指跟手掌都比較長，膚色接近橄欖色或栗色。相比於其他行星，你必須要多觀察 ☿，因為只要跟其它行星有相位，他就會受到該行星的影響，而這情況在 ☿ 身上會比其他行星明顯得多，如果他跟 ♄ 有相位，這個人會很沉重、♃ 的話會較節制、♂ 的話會較魯莽、☉ 的話會較高貴、♀ 的話會較幽默、☽ 的話則比較反覆。

當 ☿ 是東方行星，這個人的膚色會呈蜜糖色，或是看起來像是曬傷

一樣，他個子不會非常高，但骨架長得很好，有雙小眼睛。說實話，根據這種身高來說，他看起來相當沉穩，雖然膚色還是有點美中不足，看起來黑黝黝的，而且這個人可能會因為自己所說的話而要自食其果。

當 ☿ 是西方行星，他的臉會呈黃褐色，身材瘦長，四肢纖細，眼窩凹陷，眼神閃爍而且眼睛呈紅色或是眼淚兒猛，整個身體看起來相當乾癟。

水星一般象徵了所有研究文學的人，也包括哲學家、數學家、天文學家 166、商人、祕書、代筆者 167、神職人員、雕刻家、詩人、演說者、大律師、校長、文具商、印刷商、兌換貨幣商人、法律代理、國王的大使、專員、文員、技工、一般的會計師、律師；有時它也象徵小偷、喋喋不休又內容空洞的牧師或宗教組織成員，而重點是不學無術；文法學家、裁縫、運送者、信使、跑腿及高利貸。

疾病方面，水星與所有的暈眩、無精打采或頭暈眼花的症狀有關，以及所有記憶障礙、聲音沙啞、乾咳、唾液分泌過多、頭或者鼻子有窸窸窣窣的聲音、手掌及腳掌的痛風症、啞巴、妥瑞式症、所有出現於想像及智慧能力上的病症。

---

166 古代天文學跟占星學為一體，所以原文用的字是astrologer，即今天的占星師，不過因為作者認為水星跟「學術知識」相關，所以在這裡翻成天文學家。

167 代筆（scriveners）的意思有兩種，一是指會認字及寫字的人，另一種意思是指為法庭撰寫法律文件的人。

　　水星象徵混合的顏色及新的顏色，例如把灰色跟天藍色混在一起，就像歐鴿脖子上的顏色；互相交織的顏色或者把很多不同顏色混合為一；味道方面，它喜歡大雜燴，所以沒有人能準確說出那味道到底是甚麼；氣味方面，他喜歡能夠提神的、不明顯卻具穿透力的氣味，他不喜歡太容易被察覺到的氣味。

　　跟水星有關的草本植物多半都是有著顏色各異的花朵、而且喜歡生長於光禿禿的沙地的植物，這些植物喜歡把種子藏於莢子中，通常氣味非常不明顯甚至沒有氣味，並且往往跟我們的舌頭、腦袋、肺部或記憶有關；這些植物藉風力傳播，它們能夠安神之外也能夠清除身體裡的障礙。豆、三葉草、核桃及核桃樹、榛子樹及其果實、接骨木屬的植物、瓶爾小草屬的植物、拳參、虎尾草、肺草屬的植物、茴芹籽、尾胡椒、墨角蘭。此外，水星也跟用來得到靈感及用於神聖儀式的植物有關，例如馬鞭草及蘆葦。

　　鬣狗、猿、狐狸、松鼠、黃鼠狼、蜘蛛、灰獵犬、有著兩性性徵的物種，以及所有狡猾的生物。

　　赤胸朱頂雀、鸚鵡、麻雀、鵲、甲蟲、飛蟻、蝗蟲、蜜蜂、大蛇、鶴。

　　叉魚、梭魚。

　　進行貿易的店、市場、節慶、學校、一般的禮堂、保齡球館、教區、

網球場。

水銀。還有磨石、白鐵礦、瑪瑙、黃晶、所有有著不同顏色的石頭。

水星喜歡有風甚至風大的地方，也喜歡激烈的、喧鬧的天氣，而如果有任何行星跟水星形成相位的話，水星也會捲起該行星所象徵的風；有時候會帶來雨水，甚至可能會帶來冰雹、閃電、行雷及暴風雨或暴風雪；水星可能會為一些炎熱的國家帶來地震，但這必須把星座及當時的季節計算在內。

水星的可接受角距為其所形成的任何相位的前後 7 度。

水星的最大年份為四百五十年，較大年份為七十六年，平均年份為四十八年，最少年份為二十年。水星守護受孕後的第六個月。

水星守護的地區是希臘、法蘭德斯 [168]、埃及、巴黎。

水星的天使是拉菲爾 [169]。

星期三是水星的日子，它也主管當天的第一個及第八個小時；☿ 的朋友是 ♃、♀ 及 ♄，餘下的行星全是他的敵人。

---

168 法蘭德斯（Flanders）地區包括了比利時北部、法國北部和荷蘭南部的一部分。

169 拉菲爾（Raphael）是其中一位天使長的名字，亦為守護「風」元素的天使；祂其中一個最出名的故事，是化身為一名旅人，守護上路為父親收集金錢的少年托比亞（Tobiah），有著水星的「旅遊」特質。

Chapter 14
月亮及其象徵

古人會稱呼月亮爲：盧西娜[170]、辛西婭[171]、戴安娜[172]、菲比[173]、拉托娜[174]、諾堤露卡[175]或普洛塞庇娜[176]，她是眾行星中最接近地球的，而其顏色也應該是眾所周知的。

月亮需要大約二十七天七小時四十三分鐘，其平均速度爲 13 度 10 分

---

170 盧西娜（Lucina）爲古羅馬的女神，負責婦女的生產過程與生活勞動，她也管理兒童的出生及成長。

171 辛西婭（Cynthia）是希臘的月亮女神阿蒂蜜絲（Artemis）的別名，名字來自傳說中其出生地希臘的辛特斯山（Mount Cynthus）。

172 戴安娜（Diana）爲羅馬神話中的月亮女神，即希臘神話中的阿蒂蜜絲。

173 菲比（Phoebe）是希臘神話中的泰坦族之一，傳統上，她跟月亮有關，她也是太陽神阿波羅及月亮女神阿蒂蜜絲的祖母。

174 拉托娜（Latona）即希臘神話中的利托（Leto），阿波羅及阿蒂蜜絲的母親。

175 諾堤露卡（Noctiluca）爲拉丁文，意思爲「於晚上發光的」

176 普洛塞庇娜（Proserpina）是羅馬神話中普路托（Pluto）的妻子，相對應於希臘神話中哈得斯（Hades）的妻子波塞鳳（Persephone）。

36 秒，但它其實會時快時慢，永遠不會超過於二十四小時內移動 15 度 2 分的範圍。

她最大的北緯度數大約爲 5 度 17 分，最大南緯度數大約爲 5 度 12 分，她永遠不會逆行，只會順行，當她走得比較慢的時候，她會於二十四小時內移動範圍少於 13 度 10 分，那時候其實就等於逆行了。

月亮的家爲 ♋，於 ♑ 弱勢，於 ♉ 3 度擢升，於 ♏ 3 度落陷。月亮守護所有夜間的土相星座，也就是 ♉ 、♍ 、♑。

月亮跟太陽一樣沒有「界守護」度數。

月亮的「面守護」或「十度區間守護」位置如下：

♉ 的 11、12、13、14、15、16、17、18、19、20 度
♋ 的 21、22、23、24、25、26、27、28、29、30 度
♎ 的 1、2、3、4、5、6、7、8、9、10 度
♐ 的 11、12、13、14、15、16、17、18、19、20 度
♒ 的 21、22、23、24、25、26、27、28、29、30 度

月亮是陰性的行星，她冰冷、濕潤而且有著沉靜的特質。

月亮象徵了一個舉止得體的人；一個柔軟的、溫柔的存在；它會喜歡所有直接而且需要靈巧度的學科；不斷尋找新奇事物並樂在其中；這是一個容易搬家的人、不堅定、只著眼於現在、膽怯的、慷慨的、容易受驚嚇

的；熱愛和平，並且想要無拘無束地生活；如果是機械技工的話，這個人
會學習許多不同的技能，並經常會為了做生意而用多種不同的方式去擅自
亂搞一通。

月亮也象徵一個流浪者、百無聊賴的人、討厭體力勞動、酗酒者、醉
鬼，一個沒靈魂或拒絕預見自己未來的人、樂於潦倒隨意地活下去的人，
一個無論如何都不會對生活感到滿意的人。

月亮一般來說代表了一個中等身材的人，皮膚白皙，圓臉，灰眼珠並
且看起來略帶憂鬱；不管是頭髮、臉上還是其他地方都有很多毛，通常其
中一邊眼睛會比較大；手短而多肉，整個身體看起來都傾向多肉、豐滿、
胖嘟嘟的，也比較強調沉靜的特質；如果於本命盤或卜卦盤中，月亮受到
太陽影響的話，眼睛裡面或者附近通常會有污點或者痣；如果月亮落在續
宮的話，眼睛附近會有痣；如果不幸地落在星盤的四個角落並且跟恆星合
相的話，污點會存在於他的視野之中，這狀況稱之為「星雲[177]」。

月亮象徵了皇后、女伯爵或伯爵夫人、女士們、各式各樣的女性；它
也代表了一般人、旅人、朝聖者、於船上工作的人、漁民、魚販、釀酒工
人、旅館主人、酒商、信使、馬車車伕、獵人、信差（也有人說是教宗的
使節）、水手、磨坊工人、酒館的女主人、麥芽生產商、酒鬼、賣蠔的女
人、女漁民、清潔女工、還有一般在街上帶著商品的女人，此外還包括
助產士、護士、租馬及馬車給別人的商人、運送市民過河的船員及運水的

---

177 原文用字為nebulosae，西班牙文，作者沒有詳細解釋此現象跟視力之間的關係。

人。

疾病方面，月亮象徵中風、麻痺、肚絞痛、肚子痛，發生於身體左邊的疾病，膀胱結石及生殖系統結石，女性的月經及肝臟、水腫、腹瀉、所有風濕痛風症狀、胃寒、手腕及腳掌的痛風症狀、坐骨神經痛、小孩及成人身體內的寄生蟲、眼睛的發炎或傷口（男人左眼，女人右眼）、暴食、嚴重咳嗽、痙攣發作、癲癇、頸椎結核、膿腫、天花及麻疹。

顏色方面，象徵白色或帶點微黃、微綠、銀色的白色；味道方面，它喜歡新鮮的、近乎無味的味道，例如還沒成熟的香草。

跟月亮有關的草本植物，其葉子多半都又厚又柔軟而且多汁，味道非常淡或者只有一點點甜味，它們喜歡生長在有很多水的地方，並且會很快就長成多汁的階段，這些植物包括：海甘藍屬植物、捲心菜、蜜瓜、葫蘆、南瓜、洋蔥、曼陀羅草、罌粟、萵苣、油菜籽、椴樹、菇類、苦苣、所有有著又圓又寬又能遮陽的葉子的樹木或花草，這些植物甚少會結果實。

所有居住於水裡的動物，例如青蛙、水獺、蝸牛等等，另外，黃鼠狼、野兔、所有海鳥、布穀鳥、鵝鴨及貓頭鷹。

牡蠣及蛤蜊、所有貝類、蟹及龍蝦、龜、鰻魚。

田野、噴泉、浴池、能避風的港口、公路及荒野、港口小鎮、河流、漁塘、濕淋淋的地方、一般的海岸、小溪、泉，讓貨物起卸的港口。

銀；還有透明石膏 [178]，所有質地較軟的石頭，水晶。

☽跟♄一起會帶來冷空氣；跟♃會帶來平和的天氣；跟♂會帶來風及紅雲；跟☉則要視乎季節再做定論；跟♀及☿則會帶來微雨及風。

在空氣流動的影響方面，月亮喜歡往北的風，通常當☽是最強行星（不論任何月相）的時候，她會根據接下來與其入相位的行星的特質而帶來相應的風向。

月亮的可接受角距為其所形成的任何相位的前後 12 度。

月亮的最大年份為三百二十年，較大年份為一〇八年，平均年份為六十六年，最少年份為二十五年。月亮守護受孕後的第七個月。

月亮守護的地區是荷蘭、西蘭島 [179]、丹麥、紐倫堡 [180]、法蘭德斯 [181]。

月亮的天使是加百列 [182]。

星期一是月亮的日子，它也主管當天的第一個及第八個小時；他的敵人是♄及♂。

178　透明石膏（Selenite）。
179　西蘭島（Zealand）是丹麥本土第一大島。
180　紐倫堡（Nuremberg）是德國的一個大城市。
181　法蘭德斯（Flanders）地區包括了比利時北部、法國北部和荷蘭南部的一部分。
182　在《聖經》的記載中，加百列（Gabriel）多半向女性顯示神跡，一般被視為女性的守護者，而且祂也是向聖母顯現、告訴她將誕下耶穌的天使。

　　龍頭 ☊ 是陽性的，它有著 ♃ 及 ♀ 的特質，也是吉星之一，但是古人也說，當 ☊ 跟吉星合相的時候，它就會是吉星，但當 ☊ 跟凶星們合相的時候，凶星們會把它也變成不吉利。

　　龍尾 ☋ 本質上是陰性的，它跟 ☊ 有著清楚的對比：當 ☋ 跟吉星在一起時，會變成不吉利，但當 ☋ 跟凶星在一起時則會變成吉利，這是所有古人們一直深信的意見，但我不清楚這種說法的立足點是甚麼。我一直認為 ☊ 等同任何吉星，當它跟凶星聯結時，會減輕它們的不祥，而當 ☊ 跟吉星們結合時，則會增加這些行星本身所保證的吉利。

　　至於 ☋，我常常發現當它跟凶星結合時，它們本身的凶兆或不祥會變成兩倍甚至三倍或是被極度加強；而當它有機會跟任何象徵該問題的吉星們合相的時候，雖然由主要象徵星所象徵的事情已經頗受肯定，且本應會於短時間內得到完美結局，但是這時候會出現一些困難及干擾，也會經歷很多的掙扎及爭執，讓事情變得嚴峻，最終得不到完美的結果。除非主要象徵星落在角宮並有著一定程度的必然尊貴，否則，很多時候事情都會意外地徒勞無功。

Chapter 15

關於行星型態及形式的另一層簡述

♄ 象徵了一種黑黝黝的、像鉛一樣蒼白的、或帶著一種像泥土般深咖啡的顏色；它也象徵一個有著粗糙皮膚、鋪滿粗糙毛髮的身體以及不太大的眼睛，膚色很多時候會介於黑色及黃色之間，又或者說他看起來好像患了黃疸病或鉤體病一樣。♄ 瘦而精實、駝背、也許會有著看似感到苦惱的濃眉、薄而蒼白的鬍子、像那些摩爾人 [183] 一樣有著厚唇；他常常看著地面、動作緩慢，腿外彎或者走路時兩腳或兩膝會互相碰撞；通常有口臭，而且很少不咳嗽的。♄ 會為了達到目的而相當狡猾、引導別人去順從他的意見、相當記仇及充滿惡意、不太在意教會或宗教；他會是一個相當骯髒、不修篇幅的小混混或者是妓女；他胃口很大，喜歡跟人爭吵，肩膀很寬，通常相當吝嗇，但也很少會富有。

---

183 摩爾人（the Moors）是中世紀伊比利亞半島（今西班牙和葡萄牙）、西西里島、馬爾他、馬格里布和西非的穆斯林居民。

　　我們必須知道♃以及有♃特質的人有著討喜的身材，臉型及眼睛飽滿，膚色紅潤或是白中帶紅，眼眉隔得相當開，鬍子通常是亞麻色或者淺亞麻色。有時候，當♃被燃燒[184]時，鬍子的顏色會非常深甚至是黑色；♃的頭髮很厚，眼珠顏色不會太深，牙齒整齊而且不會太小顆，但是兩顆門牙通常會有一些不一樣，也許有一點點歪，或者有點黑又或是有點不完美；如果他身在火相星座的話，他的頭髮會有點捲。他能說善道而且虔誠，又或者至少有道德而且誠實；如果♃身處水相星座的話，這個人會長得好看但會有點胖；如果♃在風元素，這個人體型龐大而且強壯；如果♃在土元素，這個人出身的家境相當不錯；但若是只象徵了一個平凡的小丑的話，那麼這個人也會比一般人更懂得人性。

　　有著♂特質的人通常神色總是充滿活力，看起來像是曬傷又或者像是皮革，樣子相當兇猛，眼神閃爍銳利，呈黃色；頭髮跟鬍子呈紅色（但這裡你必須因應星座而做出修正，當♂於火相及風相星座，然後跟一些與它有著相同特質的恆星走在一起時，毛髮的顏色會是深色的硃砂色；如果♂於水相星座然後跟一些與它有著相同特質的恆星走在一起時，毛髮則是深啡色或是接近黑的栗子色）。他臉上會有印記或疤痕，肩膀很寬，身體充滿肌肉，驕傲自大，喜歡嘲弄、蔑視、爭吵、打賭及勾搭女生，這些能夠從它座落的星座中輕易得知。如果♂落在金星的宮位，這個人喜歡勾搭女生；如果在水星的宮位，他會偷竊；如果在自己的宮位，這個人喜歡爭吵；如果在土星的宮位，他會努力不懈；如果在太陽的宮位，他會

184　關於燃燒（combustion）的定義，詳見第十九章。

相當有氣派；而如果在月亮的宮位，這個人會是一個醉鬼。

　　☉的確代表了一種模糊地白中帶紅的顏色；關於外觀，它也代表了圓臉、短下巴、中等身型、身材吸引的人，他的膚色會是在黃色跟黑色之間，但通常看起來會是紅潤的；這個人既有自信也行事堅決，有著一頭捲髮；他的皮膚白皙光滑，而這個人渴望得到讚賞、名氣，也希望在人們心中擁有地位。他的聲音很清晰，頭腦也精明，牙齒可能有點不整齊或者有點歪；說話有點慢，但所說出口的論斷都相當具說服力；於公眾場合中，他的一舉一動都端莊得體，但私底下，這個人其實滿好色，而且往往有不少惡習。

　　不論男女，由♀象徵的人都有一張好看的圓臉及一雙又大又圓的眼睛，雙唇紅潤，而且下唇往往比上唇厚，眼皮較黑，但看起來是討喜而且優雅的；頭髮的顏色相當好看（但正如上述內容提及，通常視乎所在星座而定），在某些星座會是碳黑色，也會有淺棕色的可能；頭髮柔軟順滑，身形非常姣好，即使他們通常傾向個子較矮。

　　我們說☿既非黑也非白，而是一個既黑也白的存在，它的顏色是接近黑的褐色或是深沉中帶點黃的顏色；☿象徵的人臉型比較長，額頭很高，眼睛是黑色或灰色，鼻子又窄又長，鬍子又薄又稀疏（很多人甚至沒有鬍子），呈接近黑的紅色；身體纖瘦，腿很細，一整天喋喋不休，走路時動作相當靈活，很多人認為他們靜不下來。

　　☽基於快速移動的特質，☽的形狀經常都在改變著，但一般來說，月

亮象徵一個有著圓臉的人，這個人五官分明，膚色白中帶紅，但看起來是白皙的；如果月亮在火相星座，不論男女，這個人說話速度相當快；在水相星座的話，這個人的臉上會有一些雀斑；身材看起來不算十分好看，但整體來說還過得去；除非月亮身處非常強勢的位置，否則月亮一般所象徵的只是十分普通的平民。

行星及星座的顏色

♄ 是黑色，♃ 是紅色和綠色的混合，♂ 是紅色或鐵色，☉ 是黃色或紫黃色，♀ 是白色或紫色，☿ 是天空的顏色或藍色，☽ 是混了其他顏色的白色。

♈ 是白色和紅色的混合，♉ 是白色和檸檬色的混合，♊ 是白色和紅色的混合，♋ 是綠色或紅褐色，♌ 是紅色或綠色，♍ 是混了小藍點的黑色，♎ 是黑色、暗紅色或黃褐色，♏ 是棕色，♐ 是黃色或是帶紅的綠色，♑ 是黑色或紅褐色，♒ 是天藍色，♓ 是發亮的白色。

行星代表色

☉	☽	☿	♀	♂	♃	♄
黃色、紫黃色	混色的白色	天空的顏色、藍色	白色、紫色	紅色、鐵色	紅色與綠色的混合	黑色

星座星代表色

牡羊座	白色與紅色的混合
金牛座	白色與檸檬色的混合
雙子座	白色與紅色的混合
巨蟹座	綠色、紅褐色
獅子座	紅色、綠色
處女座	混了小藍點的黑色
天秤座	黑色、暗紅色、黃褐色
天蠍座	咖啡色
射手座	黃色、帶紅的綠色
摩羯座	黑色、紅褐色
水瓶座	天藍色
雙魚座	發亮的白色

Chapter 16

黃道上的十二星座
以及它們多種不同的分類方法

　　整個黃道分爲十二等分，我們稱之爲星座，並以生物命名之，原因往往是因爲它們有著這些生物的特質，又或是位於黃道中某些位置的星體有著這些生物的形態及相似之處。這些星座的名稱及特點如下：

1	2	3	4	5	6
♈	♉	♊	♋	♌	♍

7	8	9	10	11	12
♎	♏	♐	♑	♒	♓

　　每一個星座都佔了 30 度經度的位置，因此，我們知道整個黃道總共是 360 度，每 1 度有 60 分，我們也稱之爲「細瑣」[185]，而每 1 分則有 60

---

185 原文指這單位名叫scruples，這個字在古時候通常用於意指一些非常非常小量的特質，
　　例如「他只有一點點憐憫心」，相信於這裡是來借指「非常微不足道的大小」。

秒；你可以一直細分下去，但在占星學來說，我們只會用到度、分及秒。

我們有不同的方式去細分這些星座。首先，我們可以把它分為四分或四個象限 186，用來回應一年中的四個季節。

春天的象限或擁有春天特質的象限，它是樂天的、它是熱而濕的，這象限包括了首三個星座，也就是 ♈、♉、♊。

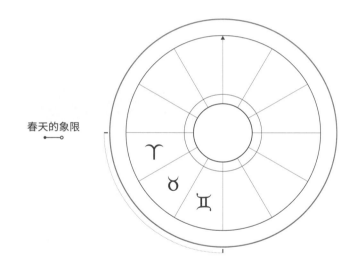

夏天的象限或擁有夏天特質的象限，它是熱而乾燥的，並且帶有易怒的特質，這象限包括了第四個至第六個星座，也就是 ♋、♌、♍。

秋天的象限或收成季節的象限，它是冷而乾燥的，並擁有憂鬱的特質，這包括了第七個至第九個星座，也就是 ♎、♏、♐。

186 每三個宮位或星座為一個象限（quadrants）。

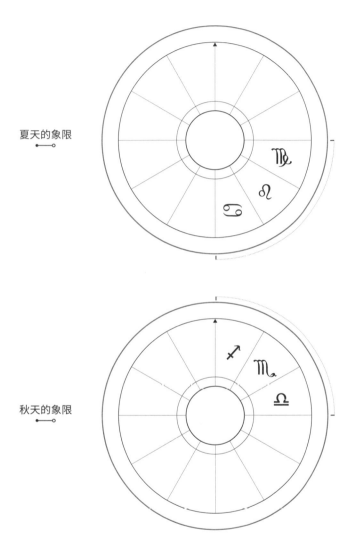

　　冬天的象限或狩獵季節的、寒冬的象限，它是冷而濕的，並擁有冷靜沉著的特質，這包括了第十個至第十二個星座，也就是 ♑、♒、♓。

　　另外，這些星座也會按照其元素而被區分，有些星座本質是火元素

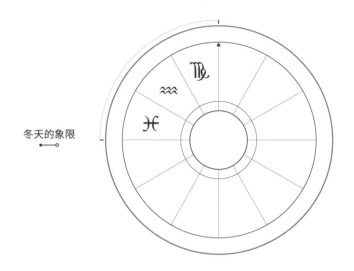

冬天的象限

的、熱而乾燥的，例如 ♈、♌、♐，這三個星座組成了火相星座。

　　也有些星座是乾燥的、冰冷的及屬於土元素的，這包括了 ♉、♍、♑，它們組成了土相星座。

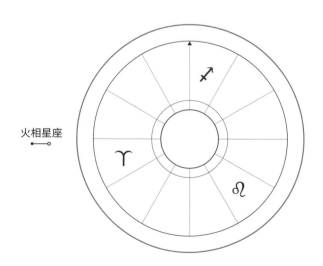

火相星座

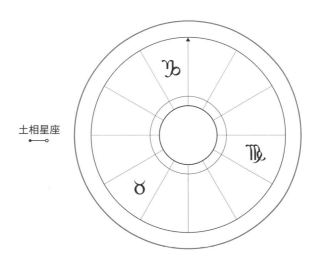

土相星座

有一些星座是風元素的、熱而濕的，這包括了 ♊、♎、♒，它們組成了風象星座。

有一些星座是水元素的，它們冷而濕，這包括了 ♋、♏、♓，它們被

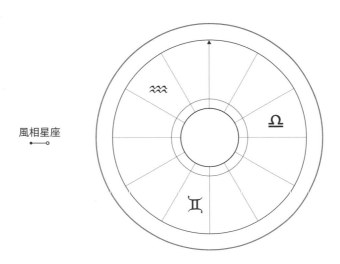

風相星座

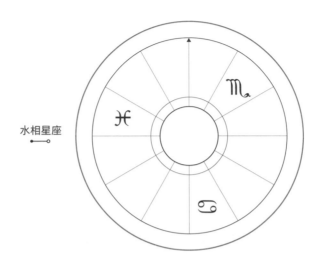

水相星座

稱爲水相星座。

　　此外，有些星座是陽性的及日間的，並因此而擁有熱的特質，這包括了 ♈、♊、♌、♎、♐、♒；有些星座是陰性及晚間的，並因此擁有冷的特質，這包括了 ♉、♋、♍、♏、♑、♓；這一分類法的用處是，當你發現某

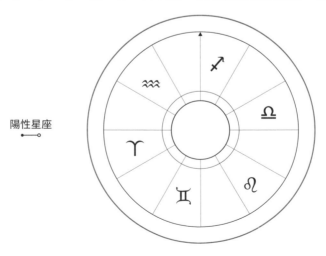

陽性星座

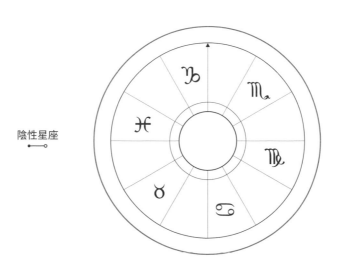

陰性星座

陽性行星落入陽性星座，這會使某人更有男性特質，而如果某陽性行星落
入一個陰性星座，這個人則會沒那麼有勇氣。

　　有些星座被稱爲北方星座或朝著北方的星座，因爲於春分當日，這些
星座會較傾向北方，它們包括了 ♈、♉、♊、♋、♌、♍，這六個星座佔了

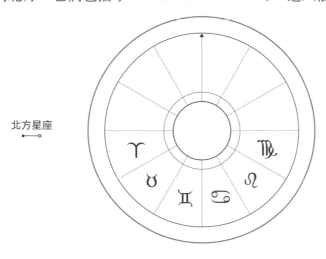

北方星座

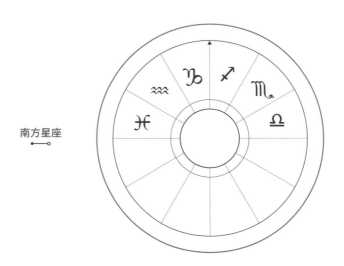

南方星座

黃道的首半個圈。

　　有些星座被稱爲南方星座或朝著南方的星座，因爲於春分當日，這些星座會較傾向南方，它們包括了 ♎、♏、♐、♑、♒、♓。

　　然而，這些星座也會被分爲開創、固定及變動星座[187]。♈、♋、♎、♑ 被稱爲可動星座及開創星座，它們之所以會被稱爲可動，原因是當太陽進入 ♈ 及 ♎ 時，剛好正是一年中季節及天氣快速轉換改變的時候；它們被稱爲開創，原因是當太陽進入上述其中一個星座的同時，也標示了那一季的開始。

　　在太陽進入 ♈ 及 ♎ 的同時，也正是春分及秋分的時候，而當太陽進

187　可動（Moveable）、固定（Fixed）及共同（Common）星座，分類方法跟現代占星學中的開創（Cardinal）、固定（Fixed）及變動（Mutable）星座一樣，爲方便讀者理解，因此在本書中一律以「開創」、「固定」及「變動」稱之。

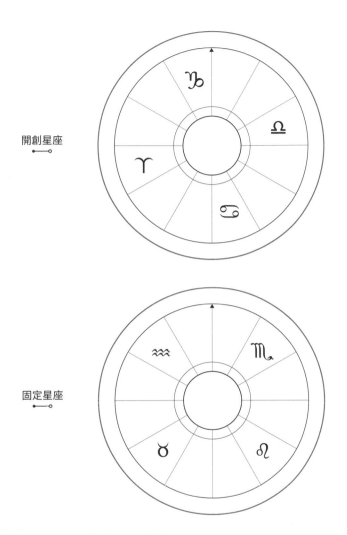

開創星座

固定星座

入 ♋ 及 ♑ 的時候，也正好是夏至及冬至。

因此，♈ 及 ♎ 分別是春分星座及秋分星座；♋ 及 ♑ 則分別是夏至星座及冬至星座。

固定星座在次序上緊隨春分星座、秋分星座、夏至星座及冬至星座之

後，他們之所以被稱爲固定星座，原因是當太陽進入這些星座的同時，季節也會同時被固定，我們也更加能夠確實地掌握冷熱乾濕。

固定星座包括 ♉、♌、♏、♒。

變動星座位於開創星座及固定星座之間，它們同時有著前一個及後一個星座的特質。

變動星座包括了 ♊、♍、♐、♓。

♊ 及 ♓ 也被稱之爲「雙體星座」，或被描述爲「擁有兩個身體」，因爲這些星座代表了兩個身體：♊ 是兩個攣生子，♓ 則是兩條魚。

在占星學中，正確掌握這些知識非常重要，因此你必須要知道一件事：於卜卦盤或本命盤之中，如果身爲上升守護的行星落入開創星座，而上升星座也是開創星座的話，這代表這個人不穩定、沒有決心、容易改

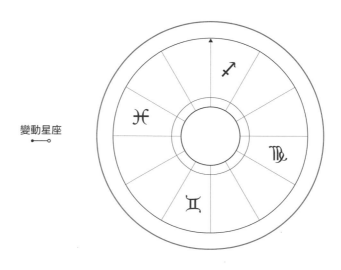

變動星座

變、反常，而且是一個搖擺不定又前後不一的人。

讓我們假設，如果上升星座位於固定星座，而上升守護也同時落入固定星座的話，你可以判斷這個人有著堅定的決心，一成不變，我們也可以說這個人會堅守自己說過或做過的事情，不管那件事是好是壞。

如果上升點在變動星座，而該星座的守護星也同時在變動星座，你可以判斷這個人不至於極度任性或者非常善變，但會介乎於兩者之間。

其他的星座分類方法包括有：

野獸星座或四足動物星座，包括了 ♈、♉、♌、♐ 以及 ♑，因為這些星座代表了擁有四隻腳的生物。

豐收星座或多產星座，包括了 ♋、♏ 、♓。

貧瘠星座，包括了 ♊、♌、♍。

人形星座或有人性、有禮貌的星座，包括 ♊、♍、♎、♒。

野性星座包括了 ♌，也包括了 ♐ 的最後部分。

啞巴星座或說話緩慢的星座，包括了 ♋、♏、♓；如果 ☿ 在這其中一個星座之中，而且跟有著 ♂、□ 或 ☍，則有可能會略為多話一點。

這些分類的用法在於，如果你的象徵星或上升守護落入 ♈、♉、♌、♑，因為代表你的那顆行星落入了這些星座，此人的本質中也會帶有一些

野獸的特徵：如果他在 ♈，這個人會是魯莽的、刻苦耐勞的及好色的；如果在 ♉，這個人是堅定及有決心的，而且某程度上有著混亂的、被削弱的特質，也會在私人層面有著一些不完美的地方。

假設有人想知道他會否有兒女，如果 ☽ 及主要的象徵星落入多產星座並且強勢的話，毫無疑問這個人將會有兒女；同樣地，如果上升或第五宮位於被我們稱之為貧瘠星座的位置，這通常就真的跟貧瘠有關，而這也代表這個人只有一兩個兒女、甚至無兒無女。

在星盤中，如果上升點落入 ♊、♍、♎、♒，或者上升守護落入這些人形星座，我們可以判斷這個人有教養、非常和藹可親而且好說話。

除了上述這些分類以及其他各種不同的星座分類方法之外，我認為最

名稱	星座
雙體星座	雙子座、雙魚座
野獸星座	牡羊座、金牛座、獅子座、射手座、摩羯座
豐收星座	巨蟹座、天蠍座、雙魚座
貧瘠星座	雙子座、獅子座、處女座
人形星座	雙子座、處女座、天秤座、水瓶座
野性星座	獅子座、射手座後半段
啞巴星座	巨蟹座、天蠍座、雙魚座

好把行星映點 [188] 的位置弄清楚。

　　所謂映點星座，意指這兩個星座除了有著一樣的優點之外，它們距離兩個回歸線星座 ♋、♑ 零度的距離是一樣的，而當 ☉ 於這兩個映點位置之上時，這兩個位置會有著同樣長度的日照時間及晚間。我們只需要一個例子就能夠解釋清楚：

　　當 ☉ 位於 ♉10 度的時候，它和 ♋ 零度之間的距離，跟 ☉ 位於 ♌20 度時相距 ♋ 零度的距離是一樣的，也就是說，這時候它會為任何剛好跟映點合相或形成相位的恆星或行星帶來好處或影響。

　　不過，透過下表，你將能夠更完整地、更完美地知道你想尋找的映點位置將會落入哪個度數。

映點星座表

♊ —— ♋

♌ —— ♉

♍ —— ♈

♎ —— ♓

♏ —— ♒

♐ —— ♑

188　映點（antiscions）。

　　任何落入 ♊ 的行星，其映點星座就是 ♋，♌ 的映點星座則是 ♉。如果你需要知道確實的度數位置的話，你必須按照下列步驟計算。我們假設 ♄ 位於 ♌20 度 35 分，然後我想要知道其映點位置落入黃道的哪個位置。

　　♌ 的映點星座為 ♉，所以我知道 ♄ 的映點星座位於 ♉。要知道其確實位置的話，請按以下步驟：

　　因為 ♄ 位於 ♌20 度 35 分，我們用 30 度來減去這個位置：

```
  30  00
− 20  35
   9  25
```

　　我先把 1 度轉為 60 分並減去 35 分，相減後得出 25 分；因為我借了 1 度，所以 30 減去 20 後答案只餘下 9 度，因此我知道 ♄ 的映點位置落入 ♉9 度 25 分，♉ 是我們於上面映點星座表中得出的，而下表則能讓你計算得更快一些。

映點（度）		映點（分）			
1	29	1	59	16	44
2	28	2	58	17	43
3	27	3	57	18	42
4	26	4	56	19	41
5	25	5	55	20	40
6	24	6	54	21	39
7	23	7	53	22	38
8	22	8	52	23	37
9	21	9	51	24	36
10	20	10	50	25	35
11	19	11	49	26	34
12	18	12	48	27	33
13	17	13	47	28	32
14	16	14	46	29	31
15	15	15	45	30	30
13	17	13	47	28	32
14	16	14	46	29	31
15	15	15	45	30	30

（映點（度）欄中間為「換成」；映點（分）兩組數字中間皆為「換成」）

　　此表用法相當簡單，如果你的行星位置剛好是完整的度數的話，表格最左邊兩欄就能夠幫到你：假設 ♂ 位於某星座的 14 度，先在第一欄找出 14，然後我們知道要把它轉換成 16，這正是其映點位置的度數所在。

　　如果有分出現的話，則參考右邊四欄。如果你原來是 17 分的話，從表格中你會知道要把它換成 43 分；又或者你可以先看看哪個是映點星座，然後以 30 度減去行星位置，答案將會是其映點位置所在。

　　映點對於行星來說有著 ✱ 或 △ 的效果，相反地，我們也有反映點[189]，它有著 □ 或 ☌ 的本質。要知道反映點在哪裡，首先你要知道映點落入哪個星座及度數，反映點剛好在映點的正對面。例如上面的例子中，♄ 的映點位置落入 ♉9 度 25 分，那麼它的反映點位置就會落入 ♏ 9 度 25 分。

　　此外，我們還有其他的星座分類方法，例如 ♈、♉、♊、♋、♌、♍ 是給予指令的星座，♎、♏、♐、♑、♒、♓ 則是遵從指令的星座。

　　上升時間較長的星座包括 ♋、♌、♍、♎、♏、♐。

　　上升時間較短的星座包括 ♑、♒、♓、♈、♉、♊[190]。

　　上升時間較長的星座維持時間約兩個多小時，而上升時間較短的星座則只會維持一小時多，某些星座的時間甚至更短，你可以於宮位表中實驗一下：

　　「我想知道 ♌ 於地平線或上升點上會維持多少時間？」

　　先在宮位表（如下表）的第一行 [191] 尋找 ♌，於該行找到了「第一

---

[189] 反映點英文爲Contrantiscions。

[190] 上升時間較長星座英文爲signs of right or long ascension，上升時間較短星座英文則爲 signs of short or left ascension。因爲黃道（the elliptic）及赤道並不平行，所以有些星座上升的時間會比其他的快。

[191] 這裡所指的是本書宮位表的第一頁（p.46），即 ☉ 在 ♈ 的那一頁。

A Table of Houses for the Latitude of 52. degrees.						
⊙ in ♈	10 House	11 House	12 House	1 House	2 House	3 House
time from Noon.	deg. min.	deg. min.	deg. min.	deg. min.	deg. min.	deg. min.
Ho. Min.	♈	♉	♊	♋	♌	♍
0 0	0 0	12 51	28 55	27 2	16 7	4 31
0 4	1 0	14 1	29 46	27 42	16 47	5 17
0 7	2 0	15 11	0♋36	28 22	17 28	6 3
0 11	3 0	16 21	1 26	29 1	18 8	6 50
0 15	4 0	17 29	2 15	29 41	18 48	7 36
0 18	5 0	18 37	3 4	0♌21	19 28	8 23
0 22	6 0	19 44	3 53	1 0	20 8	9 9
0 26	7 0	20 51	4 42	1 39	20 48	9 56
0 29	8 0	21 59	5 29	2 18	21 27	10 42
0 33	9 0	23 6	6 18	2 58	22 8	11 30
0 37	10 0	24 12	7 6	3 38	22 48	12 17
0 40	11 0	25 16	7 53	4 17	23 27	13 3
0 44	12 0	26 22	8 40	4 56	24 8	13 51
0 48	13 0	27 26	9 27	5 35	24 48	14 37
0 52	14 0	28 30	10 12	6 14	25 28	15 24
0 55	15 0	29 34	10 59	6 54	26 9	16 11
0 59	16 0	0♊37	11 45	7 32	26 50	16 59
1 3	17 0	1 38	12 30	8 12	27 30	17 46
1 6	18 0	2 41	13 16	8 52	28 11	18 33
1 10	19 0	3 43	14 1	9 31	28 52	19 21
1 14	20 0	4 45	14 47	10 10	29 33	20 9
1 18	21 0	5 45	15 32	10 49	0♍14	20 57
1 21	22 0	6 46	16 17	11 29	0 55	21 45
1 25	23 0	7 46	17 2	12 8	1 36	22 32
1 29	24 0	8 46	17 46	12 47	2 17	23 20
1 33	25 0	9 46	18 31	13 27	2 58	24 9
1 36	26 0	10 46	19 16	14 7	3 40	24 58
1 40	27 0	11 45	20 1	14 46	4 22	25 46
1 44	28 0	12 45	20 45	15 26	5 3	26 35
1 48	29 0	13 44	21 29	16 5	5 45	27 23
1 52	30 0	14 41	22 13	16 45	6 26	28 12

宮」的標題，再於該行第四列，我找到 0 ♌ 21，這代表 ♌0 度 21 分。

於這一列的最左方一欄，也就是「從正午開始」、有著小時和分鐘的那一欄之下，我看到時間是 0 18，也就是 0 小時 18 分鐘；接著，我繼續在 ♌ 這一欄往下查看，直到我找到 29 40（p.47），那代表這時候 ♌ 即將離開上升點，我查看這一列最左方「從正午開始」一欄所標示的時間是多少，找到 3 小時 6 分鐘，我用 3 小時 6 分鐘減去之前的 0 小時 18 分鐘：

$$
\begin{array}{r}
3 \quad 06 \\
-0 \quad 18 \\
\hline
2 \quad 48
\end{array}
$$

　　答案是 2 小時 48 分鐘，這正是 ♌ 於上升點所逗留的時間，而在這情況下，我們把它稱為上升時間較長的星座。

　　你將會看到上升時間較短的星座到底有何差別。

　　我想知道 ♒ 於上升點維持多久時間，請翻查第九個宮位圖（請參考 p.54），於第一宮標題的第四行 [192]，我找到 00 ♒ 57，這代表了 ♒ 0 度 57 分，在這一行最左方一欄，我找到 16 小時 4 分鐘；然後，在第一宮的第十行中，我找到 29 28，這一行最左方是 17 8，代表 17 小時 8 分鐘，我把這兩個時間相減：

$$
\begin{array}{r}
17 \quad 08 \\
-16 \quad 04 \\
\hline
1 \quad 04
\end{array}
$$

　　這兩個時間相差 1 小時 4 分鐘，這也正是 ♒ 於上升點逗留的時間。一個人如果缺乏這種知識的話，他將不能夠於自然魔法（收集草藥或於煉製許多其他罕見的東西的過程）[193] 中得到任何準確度。

192　作者於原文中誤寫成第三行。

193　所謂自然魔法（natural magic），是文藝復興時期魔法（Renaissance magic）的一種，強調直接運用大自然的力量而不是透過儀式去使用魔法，占星學及煉金術當時同屬自

下一章的內容，對於每一個學習占星學的學生來說，將會是至關重要的部分。

然魔法之一。

Chapter 17

十二星座的本質、描述以及所象徵的疾病

♈ 是陽性的口間星座，它是可動星座、開創星座，也是春分星座；它有著火元素的本質，熱而乾燥，有著黃膽汁特質，具獸性，奢華、不節制而且暴力；它是 ♂ 於日間的家，是火相象星座，也是東方的星座。

所有出現於臉上的皮疹、風疹結塊及疙瘩；天花、兔唇、瘜肉、癬疥、癲癇、中風、偏頭痛、牙痛、頭痛及禿頭。

餵飼小牛及羊及讓牠們棲身的地方，沙地及丘陵起伏的土地；小偷為了避難而棲身的地方（通常很少人會去）；於室內，這包括簷蓬、天花板或天花板上的抹灰；養有小型動物的廄；新擁有或新開墾的土地，或是用來燒磚頭的地方，又或是被撒石灰的地方。

乾癟的身體，不會太高；精實或瘦削的，但骨頭強而有力，四肢有

力，長臉；黑色的黑眉，脖子較長，寬肩，膚色呈昏暗的褐色或黝黑。

德國、瑞典、波蘭、勃艮第、法國、英格蘭、丹麥、上西利西亞 [194]、猶太山地 [195]、敍利亞。

佛羅倫斯、卡普亞 [196]、拿坡里、費拉拉 [197]、維洛那 [198]、烏特勒支 [199]，馬賽、奧古斯塔 [200]、凱撒利亞 [201]、帕多亞 [202]、貝加莫 [203]。

♉ 是土元素的星座，它冷而乾、具黑膽汁特質、陰性、晚間、固定，是居家的或獸性的星座，是土相星座之一，是南方星座；它是♀於晚上的家。

---

194 西利西亞（Silesia）是中歐的一個歷史地域名稱。目前，該地域的絕大部分地區屬於波蘭，小部分則屬於捷克和德國。上西利西亞（Silesia of the higher）位於西利西亞區域之東南部。

195 猶太山地（Judea）又叫中央山脈，位於巴勒斯坦地區中部，是古代以色列地的南部山區地帶，自一九四八年成為約旦王國之「西岸」而聞名。

196 卡普阿（Capua）是義大利卡塞塔省（Provincia di Caserta）的一個城市，建於公元前六世紀，後發展為重要的工商業城市。第二次布匿戰爭（Second Punic War）中為漢尼拔與羅馬軍隊所必爭。

197 費拉拉（Ferrara）是位於義大利東北部艾米利亞—羅馬涅波河畔的一座城市。

198 維洛那（Verona）是位於義大利北部威尼托阿迪傑河畔的一座歷史悠久的城市，莎士比亞的名作《羅密歐與茱麗葉》以此城為背景。

199 烏特勒支（Utrecht），為荷蘭烏特勒支省人口最多的城市，同時也是該省的省會。

200 奧古斯塔（Augusta）是位於西西里島東岸的小鎮。

201 凱撒利亞（Casarea）是一座位於地中海東岸的古城，現屬以色列，居特拉維夫和海法之間，毗鄰哈代拉。

202 帕多瓦（Padua），屬於政區威尼托中的一個城市，位於義大利北部，為帕多瓦省的首府以及經濟和交通要衝。

203 貝加莫（Bergamo）是義大利西北部倫巴第政區中的一個城市。

瘰（頸項或腋窩的淋巴結結核）、喉嚨痛、皮脂囊腫、耳鼻喉分泌跌進喉嚨或扁桃腺，或是這些部分腫脹。

馬廐、較矮的樓宇、存放養牛器具的房子，周遭沒有建築物的牧草或牧地、平地，或是灌木叢最近被挖走的地方，還有用來種植小麥及玉米、附近有著一些矮樹的地方；於室內，這包括地窖及天花板較矮的房間。

這星座代表了一個個子矮小但身材十分健碩、相當好的人，寬額、大眼、臉型人，肩膀寬而強壯，大嘴巴，厚唇，手掌較肥厚，頭髮黑而粗糙。

波蘭、瑞典、俄羅斯、愛爾蘭、瑞士、洛林 204、坎帕尼亞 205、波斯、塞浦路斯、帕堤亞 206。

諾夫哥羅德 207、帕爾瑪 208、博洛尼亞 209、巴勒摩 210、曼切華 211、西

---

204 洛林（Lorraine）是法國東北部一個大區的名稱，北鄰比利時、盧森堡及德國。

205 坎帕尼亞（Campania）是義大利南部的一個大區，首府是拿坡里。

206 帕提亞（Parthia）是伊朗東北部的一個地區，為古波斯地區的帕提亞王國發跡及發展之地。

207 諾夫哥羅德（Novgorod），後世又稱作諾夫哥羅德共和國，是十二至十五世紀以諾夫哥羅德為中心的城邦國家，位於今俄羅斯西北部。

208 帕爾馬（Parma）是義大利艾米利亞—羅馬涅的一座城市、帕爾馬省首府。

209 博洛尼亞（Bologna）位於北部波河與亞平寧山脈之間，也是義大利最發達的城市之一。

210 巴勒摩（Palermo）是位於義大利西西里島西北部，是西西里島的首府。

211 曼切華（Mantua）是義大利倫巴底（Lombardy）大區曼切華省省會。

恩納 [212]、布雷西亞 [213]、卡爾斯塔德 [214]、南特 [215]、萊比錫 [216]、哈比坡尼斯 [217]。

♊　是風元素的星座、熱而濕的、擁有血液特質的、日間的星座，也是變動星座及雙體人形星座；它是 ☿ 日間的家，是風相星座，是西方星座，也是陽性星座。

它象徵了所有發生於手臂、肩膀、手掌的疾病或炎症，敗血病、靜脈曲張、思覺失調。

嵌了壁板的房間、房子的牆壁及抹灰、大廳或用來玩樂的房間；小山丘及山岳、穀倉、用來貯存玉米的倉庫、儲物箱、寶箱；高的地方。

倫巴底 [218]、布拉班特 [219]、法蘭德斯 [220]、英格蘭西部及西南部、亞美尼亞。

212　西恩納（Sienna）是義大利的一座城市，也是西恩納省的首府。

213　布雷西亞（Brescia）是義大利的一個城市，爲小提琴的發源地之一。

214　卡爾斯塔德（Karlstad）是瑞典韋姆蘭省（Varmland County）首府和最大城市。

215　南特（Nantes）是法國西北部大西洋沿岸重要城市。

216　萊比錫（Leipzig）是前東德第二大城市。

217　哈比坡尼斯（Herbipolis）一名源於塞爾特（Celtic）文化，於中世紀名字被拉丁文化成爲Herbipolis，即今天的符茲堡（Wurzburg），位於德國巴伐利亞邦（Free State of Bavaria）美因河（Main）畔的非郡轄城市。

218　倫巴底（Lombardy）是位於阿爾卑斯山和波河的一個義大利北部大區。整個義大利北部應用「倫巴底」這名稱直至十五世紀。

219　布拉班特公國（Duchy of Brabant）國境覆蓋現今部分比利時及荷蘭。

220　法蘭德斯（Flanders）地區包括了比利時北部、法國北部和荷蘭南部的一部分。

倫敦、勒芬 221、布呂赫 222、紐倫堡 223、哥多華 224、哈斯富爾特 225、勒蒙 226、班貝格 227、切塞納 228。

身材筆直高大，不論男女身型都是挺直的，膚色紅潤，看起來並不剔透，而是混濁黯淡的；長手臂，但很多時候手掌及腳掌卻是短而多肉的；頭髮深到接近黑色；強壯而活躍的身體，眼睛呈榛子色，眼神銳利放蕩而且視力良好，理解力極佳，而且能夠理解世上諸多不同的事情。

是月亮唯一的家，是水相星座的第一個星座，也是北方星座；它是水元素的、冷而濕的、具痰液特質的、陰性的、晚間的、開創的、夏至的星座；它是啞巴星座及聲音緩慢的星座，是多產的，也是北方的。

它象徵了乳房上面或裡面的、胃部及乳頭的毛病；較弱的消化力、胃寒、肺結核、痰液有鹹味、嚴重咳嗽、水腫、胃潰瘍、乳癌。

大海、大河、可給船航行的水域，但對於內陸國家來說則意指接近河川的地方、泉、井；家裡的地窖、洗衣房；沼澤地、長滿燈芯草的田溝，苔草、海堤、海溝、水槽。

---

221 勒芬（Louvain）是比利時城市，現代名字爲Leuven。
222 布呂赫（Bruges）是位於比利時西北部的城市。
223 紐倫堡（Nuremberg）是德國的一個大城市。
224 哥多華（Cordova）是西班牙的一座城市。
225 哈斯富爾特（Hassfurt）是德國巴伐利亞州（Bavaria）的一個市鎮。
226 書中寫的地方是Mont，應是法國南部的勒蒙（le Mont）地區。
227 班貝格（Bamberg）是德國巴伐利亞邦的直轄市，位於巴伐利亞北部。
228 切塞納（Cesena）是義大利的一座城市。

一般來說象徵較矮小的身材，上半身比下半身大，圓臉；蒼白，膚色白皙，頭髮呈深咖啡色，小眼睛，如果是女性的話，她會容易擁有很多小孩。

蘇格蘭、西蘭島 [229]、荷蘭、普魯士 [230]、突尼西亞、阿爾及利亞、君士坦丁堡 [231]、威尼斯、米蘭、日內瓦、阿姆斯特丹、約克郡、馬德堡 [232]、維滕堡 [233]、聖魯卡斯、卡迪斯 [234]。

♌ 是太陽唯一的家，本質是火元素的、熱而乾的、具黃膽汁特質的、日間的、給予指令的、獸性的、貧瘠的，它是東邊的星座，是火相星座，是陽性的。

所有跟肋骨及身體兩側有關的疾病，例如胸膜炎、抽筋、背痛、心顫或心熱、非常嚴重的發熱、所有跟心臟有關的缺憾及病症、眼痛、傳染病、瘟疫、黃疸病。

---

229 西蘭島（Zealand）是丹麥本土第一大島。

230 普魯士（Prussia）乃中北部歐洲一邦國，大約即現在的德國，存在於從中世紀至第二次世界大戰結束這段時間。普魯士之涵義在不同時期有變遷。

231 君士坦丁堡（Constantinople）是土耳其最大城市伊斯坦堡的舊名，它曾經是羅馬帝國、拜占庭帝國、拉丁帝國和鄂圖曼帝國的首都。

232 馬德堡（Magdeberg）是德國薩克森—安哈特州（SachsenAnhalt）的首府，也是現代基督教和天主教的主教教區首邑。

233 在十六世紀，維滕堡（Wittenberg）是德國最重要的政治、文化歷史和藝術中心之一。

234 聖魯卡斯（Saint Lucas）及卡迪斯（Cadiz）都是西班牙的城市。

　　有很多野獸的地方、樹林、森林、沙漠、陡峭的石坡，不能到達的地方、皇帝的宮殿、城堡、要塞、公園；於室內，這代表生火的地方，接近煙囪的地方。

　　又大又圓的頭，一雙往外凸或往外瞪的大眼睛，視力非常好，身型龐大，通常比中等身型要大，寬肩，兩側較窄，頭髮呈黃色或暗亞麻色，而且非常捲曲或往上翹；面容兇惡，膚色非常紅潤；強壯，勇敢，活躍。

　　義大利、波希米亞 235、阿爾卑斯山、土耳其、西西里島、普利亞 236、羅馬、敘拉古 237、克雷莫納 238、拉溫納地區 239、大馬士革、布拉格、林茲 240、高本斯亞 241、布里斯托。

♍　是土元素的、冷的、具黑膽汁特質的、貧瘠的、陰性的、晚間的、南方的星座，它是 ☿ 擢升的位置，是土相星座。

　　它象徵了存放書本的書房、櫥櫃，製作奶類製品的房子、玉米田、糧

---

235 所謂波希米亞（Bohemia），即中古時的波希米亞王國，範圍大致相當於今天的捷克及斯洛伐克。

236 普利亞（Apulia）是義大利南部的一個大區。

237 敘拉古（Syracuse）是位於義大利西西里島上的一座沿海古城，位於島的東岸，是古希臘科學家兼哲學家阿基米德（Archimedes）的故鄉。

238 克雷莫納（Cremona）是義大利北部倫巴第政區中的一個城市，小提琴發源地之一。

239 拉溫納（Ravenna）是義大利艾米利亞—羅馬涅（EmiliaRomagna）區的一個城市。

240 林茲（Linz）位於奧地利東北部，是多瑙河上游重要的河港與經濟中心、奧地利最重要的重工業城市

241 高本斯亞（Confluentia）即今天的拜布倫茨（Koblenz），位於德國的萊茵河跟摩塞爾河合流之處。

倉、製作麥芽的房子，存放草垛、大麥、小麥或豆子的倉房，或是用來存放奶酪及奶油的地方。

寄生蟲、胃氣、疝氣、所有腸臟及腸膜的不暢通、腸胃不適、膽石、與及發生於肚子的疾病。

希臘、克羅埃西亞的南部、雅典境內、米索不達米亞、非洲、法國西南部、巴黎、耶路撒冷、羅得島[242]、里昂、土魯斯[243]、巴爾塞[244]、海德堡[245]、布林迪西[246]。

窈窕，身高一般，但身型不錯；膚色咖啡中帶紅，黑髮，相當討人喜歡，但算不上漂亮，聲音又小又尖，說話相當簡短，有著聰慧而持重的個性，說話恰當明智而且精彩，不論男女都會是努力的人，而且喜歡歷史；如果 ☿ 落入這星座而 ☽ 落入 ♋ 的話，這個人會擁有罕見的理解力，但卻會有點不穩定。

♎ 是風元素的、熱而濕的、具血液特質的、陽性的、開創的、秋分的、開創的、人形的、日間的星座，它是風相星座，是西方星座，

---

242 羅得島（Rhodes）是愛琴海上的一個島嶼，是愛琴地區文明的起源地之一，有相當古老的關於忒爾喀涅斯（Telchines）的神話。

243 土魯斯（Toulouse）位於法國西南部加龍河（Garonne）畔，大致處於大西洋和地中海之間的中點。

244 巴塞爾（書中拼法為Basle，但較多人拼為Basel）是瑞士的第三大城市。

245 海德堡（Heidelberg）是德國城市，位於斯圖加特和法蘭克福之間。

246 布林迪西（書中拼法為Brundusiam，相信為此地中古名字，現今拼法為Brindisi）為義大利城市。

也是 ♀ 主要的家。

　　所有於下背及腎臟的大小結石，發生於下背部或臀部的炎症或疾病，於下背部、腎臟或膀胱的膿腫或潰瘍，跟背部有關的缺憾、敗血。

　　在野外，它象徵了位於風車附近的土地、原野上零落的穀倉或莊園的附屬建築物、鋸坑[247]、或是製木桶工人們進行製作或鋸木的地方、山邊、山頂、人們販賣及狩獵的地方、沙地及石地，空氣清新的地方；於室內，上層的房間、寢室、閣樓、在房間裡面的小房間。

　　它象徵了非常好的身型，挺直高大，比較纖細而不是肥胖的；臉型呈圓型而且討喜好看，紅潤的膚色，年輕時膚色完全不會過白或過紅，但在年老時通常會有些小粉刺，看起來也許非常精神；頭髮偏黃，長而柔順。

　　奧地利西面地勢較高的地方、薩伏依公國[248]、亞爾薩西亞[249]、立窩尼亞[250]、葡萄牙的里斯本、法蘭克福、維也納、皮亞琴察[251]、包括底比

---

247 所謂鋸坑，是伐木工於地上挖出的坑洞，用來固定木材的位置，好讓工人們使用雙人鋸。

248 薩伏依公國（Duchy its Savoy）是一四一六年至一七一三年間曾經存在於西歐的獨立公國，由薩伏依家族統治，領土包括今日義大利西北部和法國的東南部的部分地區。

249 亞爾薩西亞（Alsatia）即現今的亞爾薩斯（Alsace），是法國東部一個地區的名稱，在十七世紀以前歸屬神聖羅馬帝國。

250 立窩尼亞（Livonia），是中世紀後期的波羅的海東岸地區，即現在的愛沙尼亞以及拉脫維亞的大部分領土的舊稱。

251 皮亞琴察（Placentia）是義大利北部的一座城市。

斯在內的希臘國境、亞爾 252、佛立堡 253、施派亞斯 254。

♏　是冷的、水元素的、晚間的、具痰液特質的、陰性的星座，它是水相星座，是固定星座，是北方星座，是 ♂ 的家之外也是它的喜樂位置；它通常象徵一個狡猾奸詐的人。

私密部位及膀胱的結石，疝氣，瘻（肛門與直腸附近的膿腫，向內穿破入直腸內及向外穿破皮膚形成的病症）、肛痔、淋病、陰莖異常勃起，影響男女私處的所有症狀，子宮的疾病。

各種爬蟲棲息之處，例如甲蟲、那些沒有翅膀以及有毒的昆蟲；花園、果園、葡萄園、在水域附近的廢屋，充滿泥濘、滯水的地方，發出臭味的湖、沼澤；洗滌槽、廚房或食物儲物室、洗衣房。

豐滿的、強壯的、健康的身體，面型較寬或較方型，面色較暗或較渾濁，頭髮較黑或較深色，髮量多但易斷；身體多毛，有點弓型腿，脖子短，他會是一個粗矮的、手腳緊繃的人。

巴伐利亞北部、挪威的樹林部分、巴巴利 255、菲斯王國 256、西班牙

---

252 亞爾（Arles）是法國南部的一個城市。

253 佛立堡（Fribourg）是瑞士佛立堡邦的首府。

254 斯派亞斯（Spires）即現今的施派爾（Speyer），位於德國萊茵河畔的一座城市。

255 巴巴利海岸（Barbary Coast）或巴巴利（Barbary），是十六至十九世紀的歐洲人對馬格里布（the Maghreb）的稱呼，即是北非的中及西部沿海地區，相當於今天的摩洛哥、阿爾及利亞、突尼西亞及利比亞。

256 菲斯王國（the Kingdom of Fez）為伊德里斯一世（Idrisid I）以菲斯為中心在摩洛哥

的加泰隆尼亞 [257]、華倫西亞 [258]、烏爾比諾 [259]、義大利的科倫尤利 [260]、維埃納 [261]、義大利的墨西拿 [262]、根特 [263]、奧德河畔的法蘭克福 [264]。

♐ 是火元素的、東邊的、火相星座的、熱而乾的、陽性的、具黃膽汁特質的、日間的、變動的、雙體的星座，是 ♃ 的家，也是它的喜樂位置。

在身體上，它守護了大腿跟臀部，也象徵了所有發生於這些部位的凹陷及損傷。一般來說，它也象徵了血液過熱、因瘟疫而致的發熱、從馬匹跌下而導致的傷，或因馬匹或其他四足野獸而造成的傷；此外，也象徵因火及熱力造成的傷害，以及因運動所造成的勞損。

名種馬或戰馬的馬廄，或是一般用來讓一些很厲害的四足動物居住的房子；它也代表田野、山丘、土地或地面上略為隆起的最高點；於室內，

（Morocco）建立的第一個阿拉伯王朝，位置等同現今摩洛哥北部，後被西班牙所征服。

257 加泰隆尼亞（Catalonia）位於伊比利亞半島（Iberian Peninsula）東北部，在中世紀爲亞拉岡王國（Kingdom of Aragon）的重要組成部分，

258 華倫西亞（Valencia）是西班牙第三大城市，位於東部沿岸地區。

259 烏爾比諾（Urbino）是義大利的一座城市。

260 科林尤利（Forum Julii）即今的奇維達萊德爾夫留利（Cividale del Friuli），是義大利烏迪內省（Province of Udine）的一個市鎮。

261 維埃納（Vienne）是法國的其中一個省份。

262 墨西拿（Messina）是義大利西西里島上第三大的城市。

263 根特（Gaunt，即現今的Ghent）是比利時的一個城市。

264 這並不是我們一般所認識的大城市法蘭克福，而是位於德國奧德河（the Oder）畔的一個市鎮，河的東岸就是波蘭。

它象徵了上層的房屋及靠近火的地方。

　　它象徵了非常好看的膚色，某程度上有點長的臉形，但面容圓滿紅潤，看起來像曬傷一樣；頭髮呈淺榛子色，中等身型；他會是同伴中較為勇敢的人，擁有強壯健康的身體。

　　西班牙、匈牙利、斯拉沃尼亞 [265]、摩拉維亞 [266]、達爾馬提亞 [267]、匈牙利的布達佩斯、托雷多 [268]、納博訥 [269]、科隆、斯塔旺格勒 [270]。

　　♑ 是 ♄ 的宮位，它是晚間的、冷而乾的、具黑膽汁特質的、土相的、陰性的、多至的、開創的、居家的、四足的、南方的星座，也是 ♂ 擢升的位置。

　　它掌管膝蓋以及所有跟這部位有關的疾病及意外，包括拉傷或骨裂；它象徵了麻瘋病、痕癢、結痂。

　　它象徵了牛屋或安置小牛的房子、存放農具的地方或是擺放老舊木頭之處，也象徵擺放航海用具的地方；此外，也象徵羊欄及餵羊的地方，

265 斯洛沃尼亞（克羅埃西亞語：Slavonia）是歷史上一個地區，位於克羅埃西亞（Croatia）東部。

266 摩拉維亞（Moravia），為捷克東部一地區。

267 達爾馬提亞（Dalmatia）位於克羅埃西亞南部。

268 托雷多（Toledo）為西班牙古城，始於羅馬時期，為世界文化遺產之一。

269 納博訥（法語：Narbonne，加泰羅尼亞語：Narbona，奧克語：Narbo）是法國南部的一個市鎮，

270 文中所載為Stargrad，相信所指的是位於克羅埃西亞一個名為斯塔里格勒（Stari Grad）的城鎮，意為「老城」。

休耕中的農地，荒蕪、長滿灌木及荊棘的田野；田地上的糞堆或翻好土的農地；於室內，它象徵下層的、漆黑的地方，也象徵接近地面或門檻的位置。

通常象徵乾癟的身體，身材不會太高，面型修長瘦弱，鬍子較稀疏，黑髮，尖下巴，脖子長而小，窄胸；我經常發現上升點落入 ♑ 的人會有白髮，但第七宮落入這星座的人則會有黑髮，我認爲這些白髮來自於家庭本身而跟星座關係不大。

色雷斯 271，從前屬於希臘、現在屬於土耳其的馬其頓 272，阿爾巴尼亞、保加利亞、薩克森的西南部 273、西印度群島、史泰利亞 274、奧克利

271　色雷斯（Thrace）包括了保加利亞南部（北色雷斯）、希臘北部（西色雷斯）和土耳其的歐洲部分（東色雷斯）。色雷斯瀕臨三個海，分別是黑海、愛琴海和馬爾馬拉海。在土耳其，它也被稱爲魯米利亞（Rumeli）。

272　馬其頓王國（文中所用是Macedon，但亦稱Macedonia）是古希臘西北部的一個王國。其史上最輝煌的時刻，也就是亞歷山大帝國（馬其頓帝國），是由亞歷山大大帝開創。

273　薩克森自由邦（Saxony）是德意志聯邦共和國的一個聯邦州，位於德國東部。

274　史泰利亞（Styria）位於奧地利的東南部。

群島 275、黑森 276、牛津、梅克倫堡 277、克利夫斯 278、布蘭登堡 279。

♒ 是風元素的、熱而濕的、風相星座的、日間的、具血液特質的、固定的、理性的、人形的、陽性的星座，是 ♄ 的家，也是它喜樂的位置；它也是西方星座。

它掌管大腿、腳踝及發生於這些部分的各種炎症，沉積在靜脈之中的各種風寒，或是血液循環不正常、抽筋等等。

充滿丘陵及地勢起伏的地方，新挖掘的地方或是石礦場所在之處，又或是任何挖掘出礦物的地方；於室內，這代表天台、屋簷或房子較高的部分；葡萄園或是接近一些小水源或水管頭的地方。

它代表了粗矮的、較厚的體型或是一個強壯的、身材好的身體，個子不高；臉型長，面色紅潤；如果這一宮的守護 ♄ 落入 ♑ 或 ♒ 的話，這個人會有著一頭黑髮，臉色紅潤，牙齒不整齊，否則，我發現這些人會有著白皙的膚色以及顏色像沙一樣或者非常貼近亞麻色的頭髮，也會有非常好的皮膚。

---

275 奧克尼（書中使用的是古代名稱The Isles Orcades，現今叫Orkney），是英國蘇格蘭東北部一群島，南距蘇格蘭本土僅10英里左右，是蘇格蘭32行政區之一。

276 黑森（Hessia）是德國的一個聯邦，邦內最著名的城市為法蘭克福。

277 梅克倫堡（Mecklenburg）是位於德國北部的一個歷史地區，大約為今天梅克倫堡—前波莫瑞州（MecklenburgVorpommern）的西部。

278 克利夫斯（Cleves）指的應該是克利夫斯公國（Duchy of Cleves），位於萊茵河下游兩岸。

279 布蘭登堡（Brandenburg）是德國東部的一個邦。

轆輵 [280]、克羅埃西亞、瓦拉幾亞 [281]、莫斯科公國 [282]、德國的威斯特伐利亞 [283]、皮埃蒙特 [284]、巴伐利亞的西部及南部、米底亞 [285]、阿拉伯、漢堡、不萊梅 [286]、蒙塞拉特 [287] 及佩薩羅 [288]、特倫托 [289]、因哥爾斯塔特 [290]。

♓ 是水相星座的、北方的、冷而濕的、具痰液特質的、陰性的、晚間的星座，是 ♃ 的宮位，也是 ♀ 擢升的位置，它是雙體星座、變動星座；它是閒散的、陰柔的、虛弱多病的星座，也代表一個不採取行動的人或團體。

所有跟腳掌有關的疾病，例如痛風，也包括所有跟腳掌有關的跛足及

---

280 轆輵（Tartary）一字從中古時期一直使用到二十世紀，泛指裏海（Caspian Sea）及烏拉山脈（Ural Mountains）一帶的中亞地區，

281 瓦拉幾亞（Walachia）是一個在中世紀時期位於歐洲東南部巴爾幹半島的歷史地區，位置大約在今日的羅馬尼亞東南部。

282 原文記載爲Moscovia，其實所指的是莫斯科公國（Grand Duchy of Moscow），是一個以莫斯科爲中心的中世紀俄羅斯政權，於一二六三年至一五四七年存在。

283 威斯特伐利亞（Westphalia）爲德國地區之一。

284 皮埃蒙特（Piedmpmt）是義大利西北的一個大區。

285 米底亞（Media）是伊朗西北部地區，爲古波斯地區的米底亞王國發跡及發展之地。

286 不萊梅（Bremen）爲德國現今第二大港口地市。

287 蒙塞拉特（Montserrat）是西班牙的一個市鎮。

288 佩薩羅（Pesaro）於古代被稱爲Pisaurum，是義大利的一個小鎮，在古羅馬時代，曾是貿易和手工藝的中心。

289 特倫托（Trent）是位於義大利西南部的市鎮。

290 因哥爾斯塔特（Ingoldstad）是德國巴伐利亞邦的一座城市，位於多瑙河沿岸，人口數列巴伐利亞邦第六位。

痛症，一般也包括有鹹味的痰液、結痂、痕癢、皮膚上的斑及疤、暗瘡爆發、燙傷、因敗血而形成的膿腫、跟冷及濕有關的疾病。

它代表了充滿水的地面或是有著許多泉水及水禽的地方，也代表漁塘或充滿魚的河川、有人隱居的地方、城壕、水磨坊；於室內，它代表接近水的位置，例如井或抽水機附近，或是有水的地方。

個子矮小，孱弱，不太好看，臉大，面色蒼白，身體多肉或腫脹，站姿不太挺直，有點向前彎曲。

西西里島對岸的卡拉布里亞[291]、葡萄牙、諾曼第、埃及北部、亞歷山大港、漢斯[292]、沃爾姆斯[293]、雷根斯堡[294]、康波斯特拉[295]。

---

291 卡拉布里亞（Calabria），從前稱爲Brutium，是義大利南部的一個大區。

292 漢斯（書中所用的Rheims爲古代拼法，現今名字爲Reims），是位於法國東北部的城市，其歷史可以追溯到羅馬帝國時代，市中心還存有古羅馬時期的遺跡。

293 沃爾姆斯（Worms）是位於萊茵河西岸的城市。

294 雷根斯堡（Ratisbon爲古代拼法，現今名字爲Regensburg）爲德國巴伐利亞邦的直轄市。

295 書中記載Compostella，全名爲聖地牙哥康波斯特拉（Santiago de Compostela；意爲「繁星原野的聖地牙哥」），是西班牙加利西亞自治區（Galicia）的首府，相傳耶穌十二門徒之一的雅各安葬於此，是天主教朝聖勝地之一。

Chapter 18

關於前述十二星座論述到底有何用途

　　如果有人詢問占星師關於某人的狀況、特質或身形時，那麼，我們應該觀察象徵這個人的宮位落入了哪個星座、那宮位的守護星所落入的星座、以及月亮的位置。綜合這些特質後，按照有著較強影響力的條件來做決定。例如，如果該星座是人形的、風元素的、落入上升點或下降點，並且該星座的守護星或不管落入哪個星座的 ☽，同時又位於有著相同特質或元素的星座的時候，你大概可以斷定這個人外貌俊俏，有著高強社交手腕的特質，又或是非常有禮貌等等。

　　如果問卜者關心的是疾病，而 ♈ 正位於上升點的宮首或剛越過下降點落入第六宮的話，你大概可以斷定他有著跟 ♈ 本質相關的一些疾病，但你也必須同時考慮其他象徵。

　　如果一個農民或市民遺失了牛隻或家裡的某件有形物品，先觀察該象徵星正落入哪個星座：如果在 ♈，而且問題是關於走失了的動物或相關

問題的話，讓他知道這個星座所指示的是哪些地方，考慮該星座象徵了甚麼時間，然後讓他去那裡自行尋找；如果問題是關於一件不能移動的、或者沒有人幫忙就不能夠被搬走的物品的話，看看 ♈ 象徵他房子的甚麼地方，讓他到房子的這些位置尋找。

如果某人詢問關於旅程，想知道某國家、城市或王國對他來說是否安全或能否為他帶來財富的話，看看該星盤上升點的守護星正落入哪個星座，如果該象徵星落入 ♈ 並得到好運、又或是 ♃ 或 ♀ 也正在那星座的話，這個人應該能夠安全地前往或搬遷到由 ♈ 所象徵的國家或城市，這些城市已經在上一章列出。至於那些落入不幸運的行星的星座所象徵的國家，除非這些不幸運的行星是它們的象徵星，否則它們會遭遇不幸。

在這裡，我們要記住，當一個人詢問自己能否健康愉快地生活於某國家或城市、或者某個一心想著貿易的商人想知道貿易情況及應否增加存貨的時候，你必須在這個商人的星盤中考慮第二宮的星座所象徵的國家或城市，或是考慮福點 [296] 或第二宮守護的位置，看看哪個最強勢，然後建議他到那裡進行貿易。

---

296 福點（Part of Fortune）為阿拉伯點之一。

Chapter 19

行星的必然尊貴

關於占星學中做出判斷的正確方式，首先就是完全清楚行星及星座的本質。

第二，要知道行星及象徵星的力量、強勢或虛弱之處，並清楚了解它們彼此之間的平衡以及其相位的比重，也要在判斷中摻雜數項因素。

第三，要透過正確地應用天宮圖的影響力，以及根據大自然的律法，參考建立星盤一刻行星之間的相位；你有多想要盡力做出一個超越自然的決定，你就有多大機會犯錯。

然後，當行星有著許多必然尊貴時，它會被認為是非常強的行星，我們能夠透過觀察星盤建立的那一刻行星是否落入自己的家、其擢升位置、元素、界守護或面守護得知。舉例說：

在任何天宮圖中，當你發現某行星正落入自己「家」的星座時，它會

擁有必然尊貴，我們會給予這情況五分的尊貴程度，例如當 ♄ 落入 ♑、♃ 落入 ♐ 等等。

在判斷時，當某行星或象徵星正在自己的家，代表此人正在這樣的狀態當中：他是自己的房子、物業及財產的主人；這也代表這個人於世上想要得到的東西真的不多，又或是告訴你這個人正處於非常快樂的狀態之中。除非象徵星逆行、燃燒或受到其他凶星或相位的不良影響，否則這些結果都會成立。

如果行星落入讓它擢升的星座，你可以讓它得到四分的必然尊貴分數，不論它是否接近讓它最為擢升的特定度數，例如當 ♂ 落入 ♑ 或 ♃ 落入 ♋。

如果象徵星正在擢升的星座、沒有受到任何阻撓、而且落入角宮的話，代表這個人正處於目中無人的狀態，他相當傲慢，並且他想要得到的比應得的多。根據觀察，這情況是由於當行星在黃道的某些地方，會比它在黃道其他位置時更加有影響力，而我認為這些星座及度數有著較多與行星們本質相近的性能，而且也更接近太陽的軌道。

如果行星落入跟它同樣元素的星座，你可以讓它得到三分的必然尊貴分數，但在這裡你必須非常小心，舉例來說：在卜卦盤、本命盤或類似星盤中，如果你發現 ☉ 落入 ♈，而該卜卦盤、本命盤或天宮圖是於晚上建立的話，當你檢視 ☉ 的強弱，不管它在這星座的哪一度，由於它正位於擢升位置，因此它會得到四分；但它不會因為元素而得到任何分數，原因

是晚上的火元素並不是由 ☉ 而是由 ♃ 守護，假設如果 ♃ 在這裡取代了 ☉ 的位置，同時也是晚間星盤的話，它就可以得到三分；這規則應用於 ♂ 以外所有行星，因為它不論日夜都守護水元素。

當行星落入自己的元素，代表這個人會虛心地接受世間的物品和財富，也代表這個人出身不俗，或代表當問題被卜卦的時候，他正處於良好的狀態中，但這不夠前述兩種必然尊貴那麼好。

如果任何行星落入被分配為界守護的度數，我們會讓它有兩分的尊貴分數，例如：不論日夜，當 ♃ 落入 ♈ 的 1、2、3 或 4 度，它就落入了界守護的位置，也因此必定有著兩分的尊貴分數；當 ♀ 落入 ♉ 最初 8 度的範圍之中，也會有著這種效果。

當行星只因為落入界守護而變得尊貴時，這個人只會在體型上及脾氣上顯示該行星的特質，而不會在財富上有任何異於他人的豐足，也不會讓他在其他行星之間有任何與眾不同的特出之處。

當任何行星落入其 10 度區間守護或面守護的位置，例如當 ♂ 落入 ♈ 最初 10 度或 ☿ 落入 ♉ 最初 10 度時，它就會有一分的尊貴分數，而 10 度區間守護或面守護也讓這行星不能被視為「境外的[297]」。

沒有太多尊貴甚至沒有任何尊貴、但落入其 10 度區間守護或面守護的行星，就像一個快要被人趕出門口的人，它需要做很多事情來維持自己

297　「境外的」英文為peregrine，會於本書第二十章詳述。

的信用及聲譽；而在系譜學 [298] 中，這代表了快將消失的家族，儘管看起來好好的，但它其實已沒太多能力支撐下去。

　　行星也可能透過另一種方式而強大，那就是偶然的尊貴，例如當行星順行、移動速度變快、落入角宮、跟 ♃ 或 ♀ 形成 △ 或 ✳、或跟某些有名的恆星形成 ♂ 的時候，這會在之後的內容論述。以下有一個關於必然尊貴的表格，你只需要查看表格就能夠知道某行星得到哪一種必然尊貴或阻撓。

　　關於行星的必然尊貴，阿拉伯人、希臘人及印度人有著相當不同的見解，這裡我意指的是如何把一個星座的某些度數分配給特定行星方面。隨著無數年月的過去，直到托勒密的時代，占星學家們仍未能解決當中的分歧；但從托勒密的時代開始，希臘人就一致跟隨他所留下的方法，直到今天，其他歐洲的基督徒們仍然視這方法爲最合理的，儘管來自巴巴利的摩爾人、以及來自巴巴利並居於西班牙的占星學家們至今仍然使用跟我們相當不一樣的方法。無論如何，我將根據托勒密的方法，把下表交給你們。

---

298 系譜學（genealogy）又稱「族譜學」，是研究家庭及其歷史淵源的學科。研究對象包括收集整理親族的姓名，建立族譜或家譜，收集整理有關祖先的歷史文獻記錄等。

行星的必然強弱勢表格（源自托勒密）

星座	行星的家	擢升	同元素行星 日	同元素行星 夜	行星的界守護					行星的面守護			弱勢	落陷
♈	♂日	☉19	☉	♃	♃6	♀14	☿21	♂26	♄30	♂10	☉20	♀30	♀	♄
♉	♀夜	☽3	♀	☽	♀8	☿15	♃22	♄26	♂30	☿10	☽20	♄30	♂	
♊	☿日	☊3	♄	☿	☿7	♃14	♀21	♄25	♂30	♃10	♂20	☉30	♃	
♋	☽夜／日	♃15	♂	♂	♂6	♃13	☿20	♀27	♄30	♀10	☿20	☽30	♄	♂
♌	☉夜／日		☉	♃	♄6	☿13	♀19	♃25	♂30	♄10	♃20	♂30	♄	
♍	☿夜	☿15	♀	☽	☿7	♀13	♃18	♄24	♂30	☉10	♀20	☿30	♃	♀
♎	♀日	♄21	♄	☿	♄6	♀11	♃19	☿24	♂30	☽10	♄20	♃30	♂	☉
♏	♂夜		♂	♂	♂6	♃14	♀21	☿27	♄30	♂10	☉20	♀30	♀	☽
♐	♃日	☋3	☉	♃	♃8	♀14	☿19	♄25	♂30	☿10	☽20	♄30	☿	
♑	♄夜	♂28	♀	☽	♀6	☿12	♃19	♂25	♄30	♃10	♂20	☉30	☽	♃
♒	♄日		♄	☿	♄6	☿12	♀20	♃25	♂30	♀10	☿20	☽30	☉	
♓	♃夜	♀27	♂	♂	♀8	♃14	☿20	♂26	♄30	♄10	♃20	♂30	☿	☿

表格的用法

除了太陽及月亮只有一個作爲家的星座外，餘下所有行星都有兩個星座作爲自己的家。♄有♑及♒、♃有♐及♓、♂有♈及♏、☉有♌、

♀有♉及♎、☿有♊及♍、☽有♋。它們其中一個家被稱爲日間的家，於表格的第二欄中以字母 D 標示，另一個則是夜間的家，以字母 N 標示[299]；在這些星座中，有著某些行星的擢升位置，這些位置列於第三欄中，例如當☉在♈19 度、☽在♉3 度、☊在♊3 度時，這些就是它們擢升的位置。

這十二個星座被分成四個元素，第四欄告訴你該星座的元素於日間及晚間分別由哪些行星守護，例如在♈、♌及♐這三行的第四欄中，你會找到☉及♃，也就是說☉於日間守護該元素，而♃則於晚間守護；在♉、♍及♑這三行的第四欄中，你會找到♀及☽，也就是說♀於日間守護該元素，而☽則於晚間守護；在♊、♎及♒這三行的第四欄中，你會找到♄及☿，也就是說♄於日間守護該元素，而☿則於晚間守護；在♋、♏及♓這三行的第四欄中，根據托勒密及瓦伯[300]的理論，無論日夜，這元素都由♂守護。

在♈一行的第五、六、七、八、九欄之中，你會找到♃6、♀14，這告訴你♈最初 6 度由♃界守護，6 度至 14 度則由♀界守護，如此類推。

在♈一行的第十、十一、十二欄之中，你會找到♂10、☉20、♀30，這代表♈最初 10 度由♂面守護，10 至 20 度則由☉面守護，20 至 30 度

299 爲方便讀者日後翻查原文星盤，故譯者於原文仍然直接使用D及N，但同時已於表格中分別將D及N翻譯成「日」及「夜」。

300 瓦倫丁．拿柏（Valentin Naboth）是十六世紀著名的德國數學家、天文學家及占星學家。

則由 ♀ 面守護。

　　在 ♈ 一行的第十三欄，即「弱勢」一欄中，你會找到 ♀，也就是說當 ♀ 於 ♈ 的時候，它正落入自己的家對面的星座，因此才說它是弱勢 301 的。

　　在 ♈ 一行的第十四欄，即標示「落陷 302」的欄目中，你會找到 ♄，也就是說當 ♄ 落入其擢升位置 ♎ 對面 ♈ 的時候，正是其落陷位置，也是不幸的。雖然這些事情已經於介紹行星本質時提及過，但這表格應該能夠更清楚地介紹當中的關係。

---

301 Detriment即弱勢，也就是當行星落入其守護星座對面星座的時候。

302 落陷（Fall）。

Chapter 20

一些詞彙、相位、用字、偶發事件、其他發生於行星之間的物質層面事件；以及一些必須先清楚認知才能夠對問題作出判斷的規則

最有力、最強大的配置或相位只包括（曾於前文提及過）：六分相 ＊、四分相 □、三分相 △ 及對分相 ☍，雖然過去一直也把合相 ☌ 稱為相位，但這其實非常不恰當。

六分相意指兩顆行星之間相距六分之一黃道帶或六分之一個圓的距離，因為 6x6=360；你會發現這相位有時候會被稱為六角相位或六邊形 [303]。

四分相、四角相位或四方相位 [304] 意指兩個點或兩個行星之間相距四分之一個圓，因為 4x90=360。

---

303 六角相位（sexangular aspect）；六邊形（hexagon）。

304 四角相位（quadrangular aspect）；四方相位（tetragonal aspect）。

　　三分相有 120 度或三分之一個圓，因爲 3x120 度會等同一個圓或 360 度，它也被稱爲三角形相位或三角相位 [305]，有時候你也會看到它被稱爲「三方元素 [306]」相位，原因是三個同元素的星座會形成一個三角形或三面體，而這個三角形或三面體通常由某行星守護或主管 [307]。

　　對分相或「形成直徑的光線 [308]」意指當兩顆行星相距 180 度或相距半個圓。

　　合相、交合 [309]、「教廷會議 [310]」或「會議 [311]」（有些人會使用這全部詞彙）意指當兩顆行星相遇，落在同一星座、同一度、同一分之上。此外，在本卷最初的內容中，我有提及過其他新的相位。

　　你必須知道的是，在這些相位之中，四分相是「不完全的敵意」的象徵，對分相則象徵了「完全的憎恨」，我們可以這樣理解：當被問及「這兩個意見相佐的人能夠和好嗎」的時候，假設我發現代表這兩個敵對的人的象徵星形成了 □ 相位，然而，因爲這是一個代表了「不完全的敵意」

---

305 三角形相位（triangular aspect）；三角相位（triangonal aspect）。

306 「三方元素」相位（trigonocrator）。

307 當這三角形的三點位於同一元素，它們會由同一行星作爲元素守護，例如水元素的元素守護會是火星，所以巨蟹座、天蠍座跟雙魚座所組成的三角形，它的三個角落都會由火星作爲元素守護。

308 所謂「形成直徑的光線（diametral radiation）」，意指當兩顆相距180度的行星被相連起來時，就會成爲黃道帶的直徑；而「光線」意指行星所發放的光。

309 原文中的用字coition有著男女性交的意思。

310 教廷會議（synod）。

311 會議（congress）。

的相位，所以我可能會斷定事情還不至於無法挽回，但兩人有沒有希望和好則需要其他象徵星或行星的一點幫忙；但如果我發現兩顆主要象徵星形成了對分相的話，那麼，在訴訟完結之前，這兩個人之間不可能會有任何和平出現；如果是互相挑釁的話，則要直到二人大打出手。

六分相、三分相跟愛、統一及友情有關，但 △ 較為有力，因此，如果上述兩顆象徵星形成或 △ 的話，他們很容易最終會言歸於好。

合相可能是好也可能是壞，因為形成 ♂ 的行星既是朋友也是敵人。

此外，也有正相位 [312] 或星座相位 [313]。所謂正相位，意指當兩顆行星相距的距離非常準確以致形成了一個完美的相位，例如當 ♀ 落入 ♈9 度，而 ♃ 落入了 ♌9 度，它倆就形成了一個 △ 的正相位；因此，當 ☉ 落入 ♉1 度，而 ☽ 落入 ♋1 度的話，則會形成 ✶ 的正相位；正相位強烈地表示會有好的表現發生，而當相位如此精準的時候，也代表事情已經快要完結，也是好事的象徵；而當被惡作劇威脅時，這則象徵了當下的惡行。

星座相位則假設了行星之間的角距或光線有著某程度的重要性。假設 ♀ 在 ♉10 度，而 ♄ 則在 ♍18 度，在這裡，我們說金星擁有一個星座相位的 △，或是說它跟 ♄ 形成了一個星座相位的 △，原因是金星正位於兩者各自角距容許度的一半再相加的總和當中，♄ 的光線範圍或角距容許度的一

312　正相位（partile）。
313　星座相位（platick）。

半是 5 度，♀ 則是 4 度，兩者距離能夠形成完美相位的距離均爲 8 度 [314]。在這裡，雖然我已經在行星的描述中提及過，但我會再次插入一個關於各行星角距容許度的表格，其內容來自某些我接觸過最優秀的作者以及我個人經驗。

	度	分		度	分	
♄	10	00	大部分人都同意	9	00	我有時會使用這表格，有時則使用另一個，視乎我當時記憶所及，而即使這樣子隨意使用其中一個表格，我還是不曾有過任何錯誤。
♃	12	00	某些人這樣記載	9	00	
♂	7	30	所有人都同意	7	30	
☉	17	00	大部分人認爲	15	00	
♀	8	00	許多人這樣記載，但是	7	00	
☿	7	00	所有人都一致認爲	7	00	
☽	12	30	一般都認爲，但是	12	00	

行星的入相位有三種不同方式：第一，當兩顆順行的行星，其中一顆走得比較快的慢慢接近另一顆行動較緩慢的行星的時候，例如當 ♂ 正在 ♈10 度，♀ 在 5 度，這時候，♀ 就跟 ♂ 有 ☌ 的入相位。

第二，當兩顆行星都在逆行中，例如當 ♀ 正在 ♈10 度，♂ 在 9 度，而 ♀ 在跟 ♂ 形成 ☌ 之前都不會順行，這會是一個不好的入相位，有著突然追求完美或讓事情中止的意思，視乎兩顆行星象徵甚麼。

314　綜合作者於這裡及之後介紹出相位的內容，入相位的有效範圍等同兩顆行星各自的角距容許度的一半再相加，這個總和就是入相位有效的範圍，只要兩顆行星相距的距離小於這個有效範圍，便算是入相位當中。

　　第三，當其中一顆行星順行並位於較小的度數，而另一顆逆行的行星位於該星座較大的度數，例如當順行的 ♂ 正在 ♈15 度，而逆行的 ♀ 則在 ♈17 度，這也是一個不好的入相位，這會帶來一個相當大的轉變，在卜卦盤中則代表了突然的改變，但我會在下面關於入相位的內容中更詳盡地解釋。

　　當兩顆行星透過 ♂ 或是藉著 ⚹、□、△ 或 ☍ 這些相位接近彼此時，你必須知道的是，較外面的行星永遠不會跟較裡面的行星形成入相位（除非它們正在逆行），只有較輕的行星（也就是移動較快的行星）會跟行動較緩慢的行星形成入相位；例如當 ♄ 位於 ♈10 度而 ♂ 在 ♈7 度時，因為 ♂ 度數較小，而且它是一顆比 ♄ 更輕的行星，因此，是它跟 ♄ 形成入相位；如果 ♂ 在 ♊7 度時，它就會跟 ♄ 形成的 ⚹ 入相位；如果 ♂ 在 ♋7 度時，它就會跟 ♄ 形成 □ 的入相位；如果 ♂ 在 ♌7 度時，它就會跟 ♄ 形成 △ 的入相位；如果 ♂ 在 ♎7 度時，它就會跟 ♄ 形成 ☍ 的入相位；當 ♂ 來到跟 ♄ 同一度、同一分的位置時，方會形成真正的相位 [315]。你也必須知道，當 ♄ 在 ♈、並跟落入 ♊、♋ 或 ♌ 相近度數的行星形成 ⚹、□ 或 △ 的時候，這種相位被稱為凶兆的 ⚹、□ 或 △，因為這些行星位於往後接下來的幾個星座，例如 ♈ 之後的 ♉，然後是 ♊、♋ 等等；如果 ♄ 在 ♈，當它跟任何位於 ♒、♑ 或 ♐ 的行星形成 ⚹、□ 或 △，這則被稱為吉兆相位，因為這是跟之前的幾個星座有關。下表應該會讓你更容易明白。

315　意指合相。

星座之間所形成相位的表格

		⚹	□	△	☍
♈	吉兆	♒	♑	♐	♎
♈	凶兆	♊	♋	♌	♎
♉	吉兆	♓	♒	♑	♏
♉	凶兆	♋	♌	♍	♏
♊	吉兆	♈	♓	♒	♐
♊	凶兆	♌	♍	♎	♐
♋	吉兆	♉	♈	♓	♑
♋	凶兆	♍	♎	♏	♑

		⚹	□	△	☍
♌	吉兆	♊	♉	♈	♒
♌	凶兆	♎	♏	♐	♒
♌	吉兆	♊	♋	♉	♓
♍	凶兆	♏	♐	♑	♓
♎	吉兆	♌	♋	♊	♈
♎	凶兆	♐	♑	♒	♈
♏	吉兆	♍	♌	♋	♉
♏	凶兆	♑	♒	♓	♉

		⚹	□	△	☍
♐	吉兆	♎	♍	♌	♊
♐	凶兆	♒	♓	♈	♊
♑	吉兆	♏	♎	♍	♋
♑	凶兆	♓	♈	♉	♋
♒	吉兆	♐	♏	♎	♌
♒	凶兆	♈	♉	♊	♌
♓	吉兆	♑	♐	♏	♍
♓	凶兆	♉	♊	♋	♍

上述表格的使用方法

你可以看到在表格的第二、三、四及五欄中，最上面一列分別是 ⚹、□、△、☍。

在第二行的第一欄，你會看到：

♈	吉兆
	凶兆

而在右邊的四欄中，你會看到：

♒	♑	♐	♎
♊	♋	♌	

這裡指的是：當某行星落入 ♈，另一顆行星落入 ♒ 的相近度數的話，♈ 行星會透過吉兆的 ✳ 看到落入 ♒ 的另一顆行星。

當某行星落入 ♈，另一顆行星落入 ♑ 的相近度數的話，♈ 行星會透過吉兆的 □ 看到落入 ♑ 的另一顆行星。

當某行星落入 ♈，另一顆行星落入 ♐ 的相近度數的話，♈ 行星會透過吉兆的 △ 看到落入 ♐ 的另一顆行星。

當某行星落入 ♈，另一顆行星落入 ♎ 的相近度數的話，它會跟後者形成 ☍。

同樣地，在凶兆一行，在 ♈ 你會看到 ♊♋♌；也就是說，♈ 透過凶兆的 ✳ 看到 ♊，透過凶兆的 □ 看到 ♋，透過凶兆的 △ 看到 ♌。要注意吉兆相位會比凶兆相位來得有力，這適用於其他的欄目中，也就是說，吉兆相位跟星座的排列相反，凶兆相位則跟隨星座排列的順序。

互相看不見對方的星座

♈	♉	♊	♋	♌	♍	♎	♏	♐	♑	♒	♓
♉	♈	♉	♌	♋	♌	♍	♎	♏	♌	♑	♌
♏	♊	♏	♒	♍	♒	♎	♐	♉	♒	♓	♒
♎			♑				♈			♋	
♐			♓				♊			(♍)	

　　這些星座被稱爲非連結星座 [316]，例如當行星落入其中一個星座的時候，它就不能跟下面一欄的其餘星座形成任何相位；例如在 ♈ 的行星不會跟 ♉ 或 ♏ 的行星有任何相位、♉ 的行星不會跟 ♈、♊、♎ 或 ♐ 的行星形成任何相位，如此類推。

　　所謂出相位，基本上只要當兩顆行星分開超過 6 分的距離便算是出相位。假設 ♄ 在 ♈ 的 10 度 25 分，♃ 也在 ♈ 的 10 度 25 分，這樣子的它們形成了完美的合相，但只要當 ♃ 走到了 ♈10 度 31 分 32 分，我們就說它跟 ♄ 出相位當中。可是 ♄ 的光線有 9 度的範圍，♃ 也有相同的範圍，所以在 ♃ 於 ♈ 再前進 9 度的距離或跟它相距了 9 度的距離之前，我們不能說 ♃ 已經完全離開 ♄，或已經脫離其光線照耀的範圍，原因是 ♃ 的角距容許度的一半是 4 度 30 分，♄ 的角距容許度的一半也是 4 度 30 分，兩者相加起來正好是 9 度。對每顆行星來說，自己角距容許度的一半加上另一顆行星角距容許度的距離總和，正是它離開該行星的距離。例如，假設 ☉ 跟 ☽ 形成了任何一個相位，那麼，當 ☽ 離開 ☉ 的距離等同 7 度 30 分（☉ 角距容許度的一半）加上 6 度（☽ 角距容許度的一半）的總和，也就是 13 度 30 分的時候，☽ 就會完全離開 ☉。

　　這些知識有不同的用處而且相當精彩：假設兩顆行星於某時刻的卜卦盤中象徵了一段婚姻，而這兩顆行星正在出相位中並有著幾分的距離，那

316　非連結星座（inconjunct signs），在現代占星學中，inconjanct一字爲英語中十二分之五相（quincunx）的另一個名字，但在這表格中所列出的星座組合，並非所有都有著十二分之五相。

麼，我會斷定還要再過幾天，這段婚姻被影響的可能性才會大大增加，而這段關係目前正懸宕著，當中存在一些反感及裂痕。當這兩顆行星慢慢地越分越開，事情本身以及二人的情感也會越來越分歧，並出現更多變化，這必須視乎走得較快的那一顆行星還要走多少度才能完成脫離較慢的一顆行星，那代表這兩個人的關係還需要多少星期、日、月或年才會完全中斷，或是事情終於再不能挽回。如果這兩顆行星正在開創星座、正位於角宮並且走得很快，這真的會把時間加快；如果在變動星座的話，時間會比較長；在固定星座的話，則需要較長的時間。

「禁止[317]」是指當象徵有著影響力或會為被詢問之事帶來總結的兩顆行星正在形成入相位當中，在它們形成正相位之前，另一顆行星透過自身或相位做出干預，讓被問卜之事遇到障礙或發展受阻，這就是我們所謂的禁止。舉例來說，當 ♂ 在 ♈ 的 7 度，♄ 在 ♈ 的 12 度，當象徵我事業影響的 ♂ 慢慢接近帶來結論的 ♄，同時 ☉ 也在 ♈ 的 6 度，這時，因為 ☉ 走得比 ♂ 快，它會追上 ♂，然後搶在 ♂ 之前先跟 ♄ 合相，在這裡，無論 ♂ 或 ♄ 之前象徵了甚麼，現在都被 ☉ 禁止了，它在兩者形成真正的合相之前先後阻礙了 ♂ 跟 ♄，這種阻礙被稱為合相性禁止或星體性禁止[318]，你也必須知道任何星體的燃燒[319]都是最大的不幸。

另一種禁止是透過相位，不論是 ⚹、□、△ 或 ☍，也就是當兩顆行星

317　禁止（prohibition）。

318　合相性禁止（conjunctional prohibition）；星體性禁止（bodily prohibition）。

319　燃燒（combustion）的解釋會出現於下文。

即將合相，例如當 ♂ 在 ♈ 的 7 度，♄ 在 ♈ 的 15 度，讓我們假設 ☉ 正在 ♊5 度，因爲它每日的移動速度比 ♂ 快，所以它會追上並先跟 ♂ 形成吉兆的 ✶，然後（在 ♂ 能跟 ♄ 形成合相之前）跟 ♄ 形成吉兆的 ✶，這被稱爲相位性禁止 [320]，不管當中的相位是 □、△ 或 ☍，這種禁止所帶來的本質都是一樣的。

還有另外一種禁止，有些人會更確切地稱呼其爲「退縮 [321]」，就像當 ♄ 在 ♈ 的 12 度，♂ 在 ♈ 的 7 度，在這裡，♂ 正趕緊要跟 ♄ 合相，但當它來到 ♈10 度或 11 度時卻開始逆行，這意指它從即將發生的合相中往回退，而 ♄ 會繼續於這星座中前進，前述的合相所象徵的影響完全不會發生。

重量及本質的「轉換 [322]」是指當一顆輕巧的行星離開某顆較重的行星，然後目前正跟另一顆更加重的行星結合，就像這樣：假設 ♄ 在 ♈ 的 20 度，♂ 在 ♈ 的 15 度，☿ 在 ♈ 的 16 度，在這裡的 ☿ 是一顆行動迅速的行星，它離開 ♂，並把 ♂ 的德性帶到 ♄ 身上。這除了透過合相外也能靠其他相位達到，而在我們作出判斷時，「轉換」的意思是：如果某事情或物件受到 ♄ 的象徵，那麼，由 ☿ 所象徵的某人將會把由 ♂ 象徵的人所能提供的所有協助帶給 ♄，如此一來，事情會得到較好的影響。在婚姻、訴訟及所有一般的問題當中，**轉換**都相當有用，並需要被好好納入考量。

320　相位性禁止（prohibition by aspect）。

321　退縮（refranation）。

322　轉換（translation）。

「接待[323]」是指兩顆成為某問題或事情象徵星的行星落入對方尊貴的位置，例如當 ☉ 在 ♈ 而 ♂ 在 ♌，這正是兩顆行星彼此守護星座的互融，這當然是所有的「接待」中最強大、最好的一種。「接待」也可以是元素的、界守護或面守護的、或任何必然尊貴的，例如當 ♀ 在 ♈ 而 ☉ 在 ♉，如果這是日間的卜卦盤或本命盤的話，這正是元素上的接待；如果 ♀ 在 ♈24 度而 ♂ 在 ♊ 的 16 度，這正是界守護上的接待，因為 ♂ 正位於 ♀ 的界守護度數，而 ♀ 也在對方的界守護度數之中。

這用法相當重要，因為很多時候當事情的發展因相位而被否定、當象徵星之間沒有任何相位、或是當我們對於象徵星之間所形成的 □ 或 ☌ 意指甚麼感到懷疑，這時候如果兩個主要象徵星之間互相接待的話，事情就會在不會遇到太多麻煩的情況下被引領通過，然後，雙方突然間會得到圓滿的結果。

當行星位於一個沒有任何必然尊貴的位置時，它會被視為「身處境外的[324]」，例如當 ♄ 在 ♈10 度，這不是它的家、不是它的擢升位置、也不是它的元素星座，而這度數也不是其界守護或面守護位置，因此它被視為

---

323 接待（reception），坊間比較常見之翻譯為「接納」，譯者之所以翻譯成「接待」，原因是有鑑於在古典占星中，星座被視為「領土」一樣的概念，所以當行星位於一個自己沒有任何守護的星座位置時，才會被視為「境外的（peregrine）」，其實也就是說「這個人不屬於這裡」，在這概念之下，如果對方路經我的國家（這行星守護的星座），那麼我當然會招待它並盡地主之誼。此外，威廉・禮尼在這裡所描述的比較像是「互相接待（mutual reception）」，但其實只要其中一顆行星落入另一顆行星以任何一種必然尊貴守護的星座位置，它就會被該行星所接待。

324 境外的（peregrine）。

身處境外的。如果 ♄ 在 ♈27 或 28 度的話，它就不能被視為境外的，因為這是其界守護位置。

因此，☉ 於 ♋ 的任何位置都會被視為身處境外的，因為它在這星座沒有任何強勢位置。

境外行星於所有問題中都相當有用，尤其於涉及盜竊的問題當中，因為差不多所有象徵小偷的行星都會是落於星盤四角之上或落入第二宮的境外行星。

當某行星離開另一顆行星，但於該星座中不再跟任何其他行星形成入相位的時候，這行星會呈「路徑空白」[325] 的狀態，這通常發生於 ☽ 身上，在作出判斷時，你必須小心觀察 ☽ 有沒有呈路徑空白狀態，因為當它路徑空白的時候，你很少會看到事情順利發生。

當一顆行動迅速的行星本來要跟另一顆較緩慢的行星形成合相，但當合相發生之前，那較重的行星跟另一顆行星連結在一起的話，這叫做「受挫[326]」，在這種情況下，我們可以說形成這個 ♂ 的第一顆行星受挫了。假設 ☿ 在 ♈10 度、♂ 在 ♈12 度、♃ 在 ♈13 度，在這裡，☿ 努力想要跟 ♂ 形成 ♂，但 ♂ 卻先跟 ♃ 形成 ♂ 了，☿ 在這裡會因為 ♃ 形成的合相而感到受挫；在卜卦盤中，這所象徵的剛好是一句名言：鷸蚌相爭，漁人得利。

---

325 路徑空白（void of course），坊間亦有翻譯為「當然無效」或「空亡」等等。
326 受挫（frustration）。

　　當某陽性的日間行星於白天位於地平線之上，並位於某陽性星座，或某陰性的夜間行星於夜間位於地平線之下，並位於某陰性星座的時候，我們說這行星「得位[327]」。在卜卦盤中，當代表問卜者的象徵星得位的時候，這通常會顯示出他當時想問的問題的內容。

　　土星、木星及火星位於太陽的範圍以外，所以叫做外行星，它們行動較緩慢也較笨重；金星、水星跟月亮被稱爲內行星，它們位於太陽的範圍以內[328]。

　　當某行星跟 ☉ 位於同一個星座，並且在其前面或後面 8 度 30 分範圍[329]以內的時候，這個行星就會被「燃燒[330]」。假設 ♃ 在 ♈10 度，☉ 在 ♈18 度，這時候 ♃ 就會被燃燒；又假設 ☉ 在 ♈18 度，♃ 在 ♈28 度，這時候 ♃ 也會被燃燒。你必須留意的是，因爲帶來不良影響的是 ☉ 本身，所以當 ☉ 追上去跟行星合相的時候，該行星所受的不良影響會比 ☉ 要慢慢離開某行星時所帶來的更加嚴重；我讓 ☉ 的角距範圍的一半作爲燃燒的有效範圍，而不是考量 ♃ 的角距範圍，否則，♃ 跟 ☉ 的距離要少於 4 度 30 分才會被燃燒，而我知道有很多人反對這種想法。

　　你可以使用自己覺得比較有道理的一套理論。當問卜者的象徵星被燃

327　得位（hayz），這個字源自阿拉伯文hayyiz，意指「自然而然的地方」或「喜歡的位置」。

328　作者分別使用superior及inferior去命名外行星及內行星，分別有「較上級」及「較下級」之意。

329　即太陽角距容許度的一半，因爲太陽的角距容許度爲17度。

330　燃燒（combust）。

燒時，這表示他深陷恐懼之中，而且正被某個大人物壓制中。

　　我們認爲某行星會依舊在太陽的光線之下，直到它跟太陽相距的距離大於 17 度。

　　當行星在 ⊙ 前後 17 分的距離之內，我們說這行星正位於太陽的心臟或日心 331，例如當 ⊙ 在 ♉15.30 度，☿ 在 ♉15.25 度，在這情況下，☿ 就正位於日心。所有作者都認爲位於日心的行星會被加強，而你必須知道所有行星都有可能被 ⊙ 燃燒，就只有它自己不能被燃燒，而燃燒只可以發生於某一個星座之中，不能夠透過 ✶、□、△ 或 ☍ 發生；□ 或 ☍ 會帶來不良影響，但這些相位不會讓行星呈燃燒狀態。

　　從 ♄、♃、♂ 跟 ⊙ 合相開始，直到兩者形成 ☍ 期間，我們說它們是東方行星，東方行星意指它們會比 ⊙ 先升起；而當它們是西方行星的時候，則代表當 ⊙ 下山之後，它們仍然會在地平線之上；☿ 及 ♀ 不會跟 ⊙ 形成 ✶、□、△ 或 ☍。當行星度數比 ⊙ 小或位於它之前的星座，它們就是東方行星；當它們度數比 ⊙ 大或位於它之後的星座，它們就是西方行星。你必須知道 ☿ 跟 ⊙ 的距離不會大於 28 度，而 ♀ 跟 ⊙ 的距離則不會大於 48 度，雖然有些人會在這裡設定較寬鬆的度數。另外，從 ☍ 到 ☌ 期間，☽ 會在 ⊙ 的東方，而從 ☌ 至 ☍ 期間則在西方，原因是它的速度比 ⊙ 快得多，並且很快就會進入另一個星座。

331　日心（cazimi），cazimi 一字源自阿拉伯文，意指「仿佛在心臟之中一樣」。

當任何行星位於 ♄ 及 ♂ 這兩顆凶星之間的時候，我們說它被「包
圍 332」。假設 ♄ 在 ♈15 度，♂ 在 ♈10 度，♀ 在 ♈13 度，這時候，♀ 被兩
顆凶星包圍，而當 ♀ 是星盤中的象徵星的時候，這代表這個人的境況會每
況愈下。

此外，古人們還記載了很多其他跟行星相關的事件，但因爲這些事件
對於判斷星盤幫助不大，所以我故意忽略了它們。

順行，意指當行星於星座中往前行，由 13 度至 14 度並這樣子的前進
下去。

逆行，意指當行星於星座中往後行，由 10 度至 9、8、7 度並這樣行
進下去。

停滯，是指當行星完全不移動，外行星在逆行前通常會停滯二、三或
四天。

---

332 包圍（besieging）。

檢視行星強勢及虛弱的表格

必然尊貴		虛弱	
位於自己家的行星、或者跟另一行星所處星座產生互相接待的話，都應該擁有尊貴	5	位於弱勢位置	-5
位於擢升位置，或跟別人有擢升位置上的互相接待	4	位於落陷位置	-4
位於自己元素	3	處於境外狀態	-5
位於自己界守護位置	2		
位於 10 度守護或面守護	1		
偶然尊貴		偶然虛弱	
位於天頂或上升點	5	位於第十二宮	-5
位於第七、第四或第十一宮	4	位於第八及第六宮	-2
位於第二及第五宮	3	逆行	-5
位於第九宮	2	移動比平常緩慢	-2
位於第三宮	1	♄♃♂ 是西方行星的時候	-2
順行（因爲 ☉ 及 ☽ 永遠只會順行，所以它們的這一項應該留空）	4	♀ 和 ☿ 是東方行星的時候	-2
行動比平時迅速	2	當 ☽ 正在轉虧的時候	-2
♄♃♂ 是東方行星的時候	2	被 ☉ 燃燒	-5

♀和☿是西方行星的時候	2	在☉光線之下	-4
當☽正在變盈或當它是西方行星的時候	2	跟♄及♂形成♂正相位	-5
沒有被燃燒也遠離☉的光線照到	5	跟☊形成♂正相位	-4
位於☉的心臟或日心	5	被♄及♂包圍	-5
跟♃及♀形成♂正相位	5	跟♄或♂形成☍正相位	-4
跟☊形成♂正相位	4	跟♄或♂形成□正相位	-3
跟♃及♀形成△正相位	4	跟☌20度的大陵五[333]形成♂	-5
跟♃及♀形成✳正相位	3	或於其5度以內範圍	
跟位於♌24度的獅子之心[334]♂	6		
或跟位於♎18度的處女星座角宿一[335]♂	5		

　　我先不在這裡解釋表格的用法，因為我會在後面的內容中，利用例子去解釋。

333　大陵五（Caput Algol，通常只稱為Algol），Algol意思為「惡魔之星」。在歲差的影響下，目前大陵五於黃道上的位置為金牛座25度。

334　獅子之心（Cor Leonis）亦被稱作Regulus，中國稱為軒轅十四，為獅子座最明亮的恆星，也是全天空20顆最明亮的恆星之一；從地球上看，它剛好位於獅子座的「心臟」位置。

335　角宿一（Spica）位於天文學上的處女星座，其於占星學黃道上位置為天秤座18度，但此只為一六四五年的位置；在歲差的影響下，目前角宿一於黃道上的位置為天秤座23度。

每位占星師或從事相關技巧的人必須要知道的兩個星座表格

	陽性及陰性度數	光明的、黑暗的、可疑的、空白的度數	深處的或落坑的度數	殘缺的或不足的度數	增加財富的度數
♈	陽：8, 15, 30 陰：9, 22	暗 3, 光 8, 暗 16, 光 20 空 24, 光 29, 空 30	6, 11, 16, 23, 29		19
♉	陽：11, 21, 30 陰：5, 17, 24	暗 3, 光 7, 空 12, 光 15 空 20, 光 28, 暗 30	5, 12, 24, 25	6, 7, 8, 9, 10	3, 15, 27
♊	陽：16, 26 陰：5, 22, 30	光 4, 暗 7, 光 12, 空 16 光 22, 暗 27, 空 30	2, 12, 17, 26, 30		11
♋	陽：2, 10, 23, 30 陰：8, 12, 27	光 12, 暗 14, 空 18 疑 20, 光 28, 空 30	12, 17, 23, 26, 30	9, 10, 11, 12, 13, 14, 15	1, 2, 3, 4, 15
♌	陽：5, 15, 30 陰：8, 23	暗 10, 疑 20 空 25, 光 30	6, 13, 15, 22, 23, 28	18, 27, 28	2, 5, 7, 19
♍	陽：12, 30 陰：8, 20	暗 5, 光 8, 空 10, 光 16 疑 22, 空 27, 暗 30	8, 13, 16, 21, 22		3, 14, 20
♎	陽：5, 20, 30 陰：15, 27	光 5, 暗 10, 光 18 暗 21, 光 27, 空 30	1, 7, 20, 30		3, 15, 21
♏	陽：4, 17, 30 陰：14, 25	暗 3, 光 8, 空 14, 光 22 疑 24, 空 29, 暗 30	9, 10, 22, 23, 27	19, 28	7, 18, 20
♐	陽：2, 12, 30 陰：5, 24	光 9, 暗 12, 光 19 疑 23, 光 30	7, 12, 15, 24, 27, 30	1, 7, 8, 18, 19	13, 20

♑	陽：11, 30 陰：19	暗 7, 光 10, 疑 15, 暗 19 暗 22, 空 25, 暗 30	7, 17, 22, 24, 29	26, 27, 28, 29	12, 13, 14, 20
♒	陽：5, 21, 27 陰：15, 25, 30	疑 4, 光 9, 暗 13 光 21, 空 25, 光 30	1, 12, 17, 22, 24, 29	18, 19	7, 16, 17, 20
♓	陽：10, 23, 30 陰：20, 28	暗 6, 光 12, 暗 18 暗 22, 空 25, 光 28, 暗 30	4, 9, 24, 27, 28		13, 20

　　很多時候，前來問卜的人都很想知道女性所懷的胎兒到底是男是女，或者想知道小偷是男是女等等，但有時候，我們從星盤四角、行星陰陽性或星座也仍然無從得知。這時候你可以考量 ☽ 的星座及度數、象徵被問卜的事物或人物的行星位置、以及象徵被問卜的人的宮位其宮首星座，然後從表格的第二欄之中查看該度數到底是陽性還是陰性，這樣你應該可以得出答案。如果是陽性度數的話，你可以判斷答案爲男性，而如果是陰性度數的話，則可以判斷答案爲女性。你會看到 ♈ 的最初 8 度是陽性、9 度是陰性、9 至 15 度是陽性、15 至 22 度是陰性、22 至 30 度是陽性；其餘星座也是如此類推。

　　第三欄告訴你在每個星座中，某些度數分別屬於：光明的、黑暗的、可疑的、空白的 [336]。這些分類用途如下：

　　假設某本命盤或卜卦盤的上升點落入某星座，而上升點落入該星座中

---

336 光的（light）、暗的（dark）、可疑的（書中所用爲古代拼法smoakie，意即smoky，這形容詞於中古時代有著「充滿疑點的意思」）、空白的（void）。

光明的度數，那麼，問卜者或被問及的小孩應該會長得比較好看，而如果上升點落入該星座的黑暗度數，那麼問卜者的面色則不會好看，傾向晦暗不清，而如果他天生傷殘，當上升點落在黑暗度數，傷殘的情況將會更加嚴重；但如果上升點落在該星座的光明度數，那麼，傷殘的情況會較爲可以接受。

　　如果 ☽ 或上升點的度數落入被稱爲「空白的」度數中，這個本命盤的主人或問卜者不論好看與否，他們的理解力都相當弱，判斷力也比社會對他期望的要來得低，當你越跟這個人交談，你越會發現他本身有著比較嚴重的缺憾。如果 ☽ 或上升點的度數落入被稱爲「可疑的」度數中，這個本命盤的主人或問卜者不會非常好看也不會非常難看，但他的面色、體型或狀況都會相當曖昧，樣子是好看與不好看之間，體型是高與矮之間，狀況也存在於聰明與愚蠢之間。

　　你會看到 ♈ 的最初 3 度是黑暗度數、3 至 8 度是光明度數、8 至 16 是黑暗度數、16 至 20 度是光明度數、20 至 24 度是空白度數、24 至 29 是光明度數、最後一度則是空白度數。

　　第四欄中「深處的度數」或「落坑的度數」[337] 的意思是：如果 ☽、上升點或上升點的守護星落入這些位置，代表問卜的這個人於其問題當中不知道該往哪邊走，他需要援手引領他走到較好的狀況當中；這就像一個掉進溝渠的人，如果沒有人伸出援手的話，他很難可以爬出去，所以，這

337 深處（deep），落坑（pitted）。

個問卜者如果得不到援助的話，他也會落得同樣境況。

第五欄中記載了「殘缺的」及「不足的」[338] 度數，這裡的意思是：
如果你發現某卜卦盤的問卜者或某出生盤的主人，其家人天生有著殘缺，
或發現這個人患有無可挽救的病症，例如說話不流暢、眼盲、耳聾等等，
你大概可以肯定在這個人出生的一刻，其上升點、☽所在度數或上升守護
的位置正落入了這些「殘缺的度數」之中 [339]。在卜卦盤或出生盤當中，
如果你看到問卜者天生有著殘疾、駝背或有著其他先天的不足，然後在星
盤中也找不到任何關於這個人的良好條件存在的話，你可以看看這個人的
上升點度數、☽所在度數或上升守護的位置，然後，毫無疑問地你會發現
在這些條件中，會有多於一個正落入了殘缺度數之中。

第六欄中的度數應該這樣理解 [340]：當第二宮宮首、第二宮的守護、
♃或福點落入這些度數的其中一個時，這會是跟財富相關，而這個出生盤
的主人或問卜者將會非常富有。

338　殘缺的（lame），不足的（deficient）。
339　作者於這裡以azimene一字來統稱有殘缺、不足這兩種特質的度數。
340　作者原文中手誤寫成「第五欄」，實為第六欄，即最後一欄。

展示各行星於不同星座所象徵的身體部位的表格

	♄	♃	♂	☉	♀	☿	☽
♈	胸，手臂	頸，喉嚨，心臟，肚子	肚子，頭	大腿	身側，腳掌	私處，小腿	膝蓋，頭
♉	心臟，胸，肚子	肩膀，手臂，肚子，頸	身側，喉嚨	膝蓋	私處，頭	大腿，腳掌	小腿，喉嚨
♊	肚子，心臟	胸，身側，私處	私處，手臂，胸	小腿，腳踝	大腿，喉嚨	膝蓋，頭	腳掌，肩膀，手臂，大腿
♋	身側，肚子，私處	心臟，私處，大腿	大腿，胸	膝蓋	膝蓋，肩膀，手臂	小腿，喉嚨，眼睛	頭，胸，胃
♌	私處，身側	肚子，大腿，膝蓋	膝蓋，心臟，肚子	頭	小腿，胸，心臟	腳掌，手臂，肩膀，喉嚨	喉嚨，胃，心臟
♍	大腿，私處，腳掌	身側，膝蓋	小腿，肚子	喉嚨	腳掌，胃，心臟，肚子	頭，胸，心臟	手臂，肩膀，腸臟

	♄	♃	♂	☉	♀	☿	☽
♎	膝蓋，大腿	私處，小腿，頭，眼睛	腳掌，身側，私處	肩膀，手臂	心臟，膽	喉嚨，心臟，胃，肚子	胸，身側，心臟，肚子
♏	膝蓋，小腿	大腿，腳掌	頭，私處，手臂，大腿	胸，心臟	喉嚨，身側，私處	肩，手臂，腸臟，背部	胃，心臟，私處，肚子
♐	小腿，腳掌	膝蓋，頭，大腿	喉嚨，大腿，手掌，腳掌	心臟，肚子	肩膀，手臂，私處，大腿	胸，身側，心臟，私處	腸臟，大腿，背部
♑	頭，腳掌	小腿，頸，眼睛，膝蓋	手臂，肩膀，膝蓋，小腿	肚子，背部	胸，心臟，大腿	胃，心臟，私處	身側，膝蓋，大腿
♒	頸，頭	腳掌，手臂，肩膀，胸	胸，小腿，心臟	身側，私處	心臟，膝蓋	腸臟，大腿，心臟	私處，小腿，腳踝
♓	手臂，肩膀，頸	頭，胸，心臟	心臟，腳掌，肚子，腳踝	私處，大腿	肚子，小腿，頸，喉嚨	身側，膝蓋，私處，大腿	大腿，腳掌

關於上表的用法及原因

　　從開始研習占星學開始，我花了差不多四年才找到原因去解釋爲什麼行星會於各星座中象徵上表列出的身體部分——最終，在閱讀《赫密斯之格言》第 88 頁之後，我明白到當中的意義：*erit impedimentum circa illam partem corporis quam significat signum, quodfuerit nativitatis tempore impeditum*，意即身體部位裡面或附近會有著某些妨礙，這會由出生時遭受不良影響的星座來象徵。這所有東西的用法如下：[341]

　　如果你想知道疾病所在，我意思是它會在身體哪個部分出現，觀察患病的人其象徵星落入哪個星座以及該行星於這個星座會象徵身體哪些部位；你可以透過前表，得悉對方哪個部位不適或患病。

　　如果那個患病的人的象徵星是 ♄，然後在卜卦盤的時間中落入 ♊，參考一下上面的表格，你會看到 ♄ 在 ♊ 象徵發生在肚子或心臟的病症；其他情況也是依此參考表格。

341　內容中作者所用的爲拉丁文，源自《赫密斯之格言》（*Aphorisme of Hermes*），相信這跟出現於中古歐洲的赫密斯主義（Hermeticism）相關。所謂赫密斯主義，其實是源自於相傳由赫密斯·特里斯墨吉斯戴斯（Hermes Trismegistus）而來的書卷發展出的宗教及哲學觀點。赫密斯·特里斯墨吉斯戴斯意爲「非常偉大的赫密斯」，是希臘神話中的神祇赫密斯（Hermes）和埃及神祇托特（Thoth）的結合。在當時希臘化的埃及，希臘人發現他們的神祇赫密斯與埃及神祇托特完全相同，隨後兩位神祇就被合二爲一地受到崇拜。赫密斯主義的書卷被認爲對西方的文藝復興及宗教改革有著極大影響，這些書光內容涉及宇宙觀、哲學觀、與及被它們視爲全宇宙智慧的三大要項：占星學、鍊金術及神通術（Theurgy）。

　　各行星之所以在不同星座有著這樣的象徵，原因如下：

　　每一顆行星都有自己的家或星座，它們在這星座中會守護頭、在順序的第二個星座守護脖子、第三個星座守護手臂及肩膀，並在十二星座中如此順序下去守護不同部位：例如 ♄ 在 ♑ 守護頭、在 ♒ 守護脖子、♓ 守護手臂及肩膀；也例如 ♃ 在 ♐ 守護頭、在 ♑ 守護脖子、♒ 守護手臂及肩膀。

　　☽ 跟其他行星有著同樣的次序，但是建立這理論的阿拉伯人容許它在 ♈ 中除了守護頭外也守護膝蓋；守護頭部是因為 ♈ 的關係，膝蓋則是因為 ♈ 是由 ♋ 開始算起的第九個星座。

　　你可以從人體上觀察到這些特徵及許多其他的判斷結果，並且使用這理論；在這裡需要謹記：該星座越被削弱，身體上的痣或疤痕會越明顯；又或是越接近該星座中殘缺、落坑或不足的度數的話，該殘疾或病況會越嚴重。

判斷前的考量

　　所有曾經撰寫關於卜卦盤文章的古人們都告誡占星師們一件事：在他們作出判斷之前，要先確定該星盤是否合乎基本以及能否作出判斷；當提出問題及建立星盤時，如果該小時的守護星跟上升點或第一宮的守護星落在同一元素、是同一行星或有著相同本質的時候，這個問題就會被視為符合基本或可以作出判斷。

舉例說：假設該小時的守護星是 ♂，上升點落入 ♈，那麼這問題就符合基本，因爲 ♂ 同時是該小時及 ♈ 的守護星。

假設該小時的守護星是 ♂，上升點落入 ♌；這時候，雖然 ☉ 是火元素的守護星，也是 ♌ 的唯一守護星，然而，這個問題之所以應該被判斷，原因卻是作爲上升守護的 ☉ 跟作爲該小時守護星的 ♂ 有著同一本質──它們都是熱而乾的。

當上升點落入某星座的 0 度、1 度或 2 度的時候（尤其當該星座是上升時間較短的星座，即 ♑、♒、♓、♈、♉、♊），你未必會想隨便作出判斷，除非問卜者非常年輕，而且其體型、膚色及身體上的痣或疤痕符合該上升星座的特質。

如果上升點落入任何星座的 27、28 或 29 度的話，這時候作出判斷並不安全，除非問卜者的年紀跟該度數一樣，又或是除非該星盤是關於某個不確定的時間，例如想知道某人是否在這時候離開或逃走，這樣你就可以根據此星盤作出判斷，因爲這並不是某人所提出的問題。

當 ☽ 位於某些星座較後面的度數、尤其是 ♊、♏ 或 ♑ 的時候，判斷這些星盤是不安全的；又或有些人說，當 ☽ 在燃燒區，也就是 ♎ 最後 15 度跟 ♏ 最初 15 度位置的時候，判斷星盤也是不安全的。

當月亮呈路徑空白的狀態，除非主要象徵星非常強，否則所有事情都會難以進行，可是如果它呈這種狀態並且落入 ♉、♋、♐ 或 ♓ 的時候，還

是會有一些影響力。

你也必須注意，在任何被提出的問題中，如果你發現第七宮宮首受到不良影響或是第七宮的守護星正在逆行或被削弱，而被問及的事情跟第七宮無關而是屬於其他宮位的時候，有人認為這時候占星師的判斷只能給予少量訊息，又或認為其判斷並不會讓問卜者感到高興，這是因為第七宮通常象徵了占星師本身。

阿拉伯人帶來了下列的規則，這些規則相當適合占星師們在判斷問題之前先作考量。

規則是：如果 ♄ 在上升星座，尤其當它逆行的時候，被問及的事情很少或永遠不會有好的結果。

在第七宮的 ♄ 不是干擾占星師的判斷，就是標示了被問及的事情只會接二連三地出現不幸。

如果上升星座的守護星被燃燒，就不應該考慮這個被問及的問題，也不應該修正那位問卜者。

如果第七宮的守護星不幸、處於落陷位置或不幸的界守護位置的話，占星師很少會得出一個可靠的判斷。

當幸運及不幸的影響力相同，這時候要延遲判斷，因為我們沒辦法知

道該平衡最終會倒向哪邊；然而，延遲判斷的話，你可以在另一個問題中
得到更多的資訊。

Chapter 21

「象徵星」、「問卜者」及「被問卜」
的定義，以及簡介如何判斷問題

　　「問卜者[342]」，即提出問題並期待解決方法的人；「被問卜[343]」的可以是男或女，也可以是被尋找及被問及的物件。

　　所謂「象徵星」，就是守護著象徵被問卜事物之宮首星座的行星：如果上升星座是 ♈，作為 ♈ 守護星的 ♂ 將會是問卜者的象徵星，而因為上升星座某程度上象徵了問卜者的軀殼、體型或身體，所以，上升守護、☽ 及上升星座中的行星、或者跟 ☽ 或上升守護形成相位的行星平均地總括了這個人的特質及狀況。因此，不論上升星座是甚麼、哪顆行星是其守護星，它也應該同時被稱為這一宮的守護星，或者被稱為問卜者的象徵星。

　　首先，當任何問題被提出時，上升星座及其守護星永遠都會先被分配

---

342 問卜者（querant）。

343 被問卜（quesited）。

給問問題的這個人。

　　第二，你必須考量被提問的事情，然後決定這件事歸於十二宮中哪一宮才恰當。當你找到該宮位之後，考量那一宮的星座及其守護星，看看這行星位於天宮圖的哪一部分、落入哪一個星座、狀況如何、有多強勢、它跟上升守護形成了甚麼相位、誰削弱了你的象徵星、跟它友好的行星是哪一顆、這友好的行星是哪一宮的守護星或者落入哪一宮。該行星顯示出它象徵男或女，或者你將會往前進還是被阻礙；又或是該行星象徵了你將會遇到怎樣的關係。如果落在象徵敵人的宮位的話，這人將必定是敵人；如果那是一個友好宮位，則代表朋友。

　　占星學整個最自然的關鍵在於你是否正確理解前面所述的內容，而我會透過以下例子讓事情顯得更加淺白，因爲我既不想也不會有所保留，妨礙學生掌握他應該要學會、而且相當適合他們的有用知識。

　　在每題問題中，我們都把 ☽ 視爲共同象徵星 [344]，共同象徵問卜者或上升守護（有些人也把 ☽ 與其形成出相位中的行星視爲象徵星之一，但我沒辦法認同這看法，因爲在我的經驗中，我未能於這種做法中看到任何好處）。

　　兩顆象徵星會以這種方式在我們作出判斷時聯手，而在問題被提出的一刻跟 ☽ 入相位中的行星，則會成爲掌管被問及或被要求的事物的宮位

344　共同象徵星（cosignificator）。

的共同象徵星。

　　首先，要好好考慮象徵你的問題的宮位，其象徵星形成的入相位及出相位，也要好好考量 ☽、天宮圖及 ☽ 形成相位的特質，以及每個象徵星之間的每一個相位，然後你就可以開始判斷被要求的事物最終答案會是「是」或「非」、要如何做到、或會得到誰的援助、還有事情發生的時間，也會知道讓問卜者繼續追求下去是否好事。

Chapter 22

如何得知被問及的事物能否得到圓滿結果

古人告訴我們，有四種方法或方式能讓我們知道某件被問及的事情能否被完成。

首先，是透過合相。

當你看到上升守護快要與象徵被問及的事情的宮位守護星形成 ♂，並且位於第一宮或任何角宮，而且在這兩顆象徵星形成完美 ♂ 之前，它們既沒有被別的行星阻止，也沒有發生退縮的情況的時候，你大概可以判斷這件被問及的事情將會在沒有任何阻礙的情況下完成。而如果該象徵星移動速度快並且有著必然或偶然尊貴的話，事情也會更快被完成。可是，如果這兩顆象徵星的 ♂ 發生於續宮的話，事情雖仍然會被完成，但不曾太早發生；如果發生於降宮的話，則會經歷非常長的時間，也會遇到一些困難和挫折。

　　當主要象徵星於良好的宮位及位置中形成 ✱ 或 △ 入相位、並且有著不錯的必然尊貴的時候（而且沒有不良的相位在這兩顆象徵星形成完美的 ✱ 或 △ 之前作出干預，所謂完美相位即是六分相及三分相的正相位），事情也會有圓滿結果。

　　當象徵星們形成 □ 的時候，事情也有可能達至圓滿結果，條件是兩顆行星各自落入尊貴的位置，並且要位於適當的、良好的宮位，不然則不會發生這種結果。有時當象徵星形成 ☌ 的時候，事情也會得出圓滿結果，但條件是兩個星座之間要發生互相接待的關係、兩者都同時落入跟對方友好的宮位、另外 ☽ 也正跟象徵事情的行星形成出相位，並同時跟上升守護入相位當中。

　　我甚少看到在這樣的對分相之下，事情仍能得到圓滿的結果。但假如事情搞砸了的話，對問卜者來說也可能會比較好，例如當問題涉及婚姻，參與的二人互不妥協，一直拉鋸擾攘，各自為了自己的壞念頭而發牢騷、然後又互相指責那貪婪的父母親；又例如問題涉及金錢或應得款項的話，問卜者可能最終有拿回這些錢，但提出訴訟的過程卻又花了他很多錢，甚至跟這筆款項差不多。我曾經看過很多類似的事情發生。

　　事情也會藉著以下方式，透過光線及本質的轉換而達到圓滿結果。

　　當象徵問卜者及被問卜事情的行星有著 ☌、✱ 或 △ 出相位的同時，某行星也正跟它們其中一個形成出相位，而該象徵星的星座是這行星的家、同一元素或是其界守護位置，並且這行星也同時跟另一象徵星形成 ☌ 或

其他相位的入相位的時候，在這行星跟任何其他行星形成 ♂ 或其他相位之前，它會把第一顆象徵星的力量、影響力及特性轉換到第二顆象徵星身上，而這顆一直做出干擾的行星（或由這行星所象徵的男或女）會把事情帶到圓滿的結局。

　　觀察這個轉換兩顆象徵星本質及光線的行星是哪一宮的守護星，並向當事人描述這個男或女的特質，並讓他知道這個人會有助於事情的發展。如果是第二宮的守護星，那代表某財主會影響這件事；如果是第三宮的話，則是親戚或鄰居，其他宮位也是如此類推，我會在以下關於判斷的內容中作出更多講解。

　　另一個讓事情得到圓滿結果的可能性是，當兩顆主要象徵星並沒有看到彼此，但兩者同時跟某顆比它們更具份量的行星形成了一些相位、並同時從它身上得到某些必然尊貴的時候，這行星會得到它倆的光線，並讓被問及的事情得到圓滿結果。這裡所象徵的意思只是：由該行星所象徵及描述的那個人對兩個象徵星的單位都感興趣，它會發揮作用及影響力，讓事情以別無他法的方式得到圓滿的總結。很多時候，你會看到兩個人不和，而這兩個人也想不到和解的方法，然後，突然間某鄰居或朋友會意外地平息二人之間所有的分歧，並且讓二人都感到滿意，我們稱這為「結集 345」。

　　最後，當行星落入某宮位，例如當象徵被問及事情的象徵星剛巧落入

345 結集（collection）。

上升點的時候，這情況有時候也會讓事情得到圓滿結果。例如當某人問到他會否得到某地位或榮耀的時候，如果第十宮的守護星落在上升點，他就會得到自己渴望的好處、工作、地位或榮耀。

這一個來自古人的規則其實並不準確，又或應該說這規則被廣泛使用的背後是有原因的，除非古人們願意承認，除了落入某宮位以外，☽也會把象徵被問及事物的行星的光線轉移到上升點的守護星身上，因為我們清楚知道象徵星的入相位具備向著這兩個單位的可能性，而出相位則通常代表困苦；以更淺白的方式去解釋的話，當你看到象徵問卜者以及被問及事情的兩顆主要象徵星已經出相位的話，要得到圓滿結果可說是近乎無望（即使象徵星們落入這些宮位）；但如果是入相位的話，這兩個單位則會比較樂意進行，但事情卻仍然會裹足不前，能得到圓滿結果的可能性仍然很大，或至少事情會得到更進一步的發展。

在所有問題中，你通常都會看到以下的方式：

當第一宮代表問卜者，第二宮代表資產、第三宮是親屬、第四宮是父親、第五宮是子女、第六宮是侍從或疾病、第七宮是妻子、第八宮是跟死亡相關的事情、第九宮是他的宗教或旅程、第十宮是他的地位或榮耀、第十一宮是他的朋友、第十二宮則是他的祕密敵人。

因此，你也必須明白，當某人的問題關於女人或者任何由第七宮象徵的單位時，第七宮就會成為這個女人的上升點，第八宮代表她的資產、第九宮代表她的兄弟姊妹及親屬、第十宮是她的父親、第十一宮是她的子女

或者她會否有任何子女、第十二宮是侍從或疾病、第一宮是她的愛人、第二宮是她的祕秘密敵人。

如果問題關於教友、牧師、妻子的或情人的兄弟姊妹的話，第九宮代表了這些單位，第十宮則代表了他們的財產、第十一宮是他們的兄弟姊妹，以此類推。因此，在各種問題中，象徵該單位的宮位都會成為他的上升點或第一宮，下一宮是第二宮，然後這樣子環繞天宮圖一圈分佈了屬於它的十二宮。

如果問題是關於國王或君王的，第十宮則是他的第一宮，第十一宮是他的第二宮，以此類推。

然而，在出生盤當中，上升點已經象徵了出生的人本身，不論那個人是國王還是乞丐。當你清楚明白了上述內容後，你就可以開始判斷卜卦盤，你不一定需要完完全全的記住本卷所寫的內容，但當你犯錯的時候，你要清楚知道錯出在哪裡。此外，我本來要示範如何找出福點，並使用第一個例子讓大家深入了解福點的用法，但在我遇過的作者中，沒有人能夠正確地理解我這部分的內容；無論如何，當國王提出了一個占星學的問題時，上升點就代表他，而即使問卜者身分比較低微，上升點也仍然代表他們，即使對方是平民，所有宮位的次序也一樣維持不變：國王跟平民都來自塵土[346]，他們的口了也終必來臨。

---

346 這跟基督教傳說中神用泥土造人有關。

國家圖書館出版品預行編目（CIP）資料

基督教占星學. 第一卷 / 威廉.禮尼(William Lilly)著；馮少
龍譯. – 2版. -- 臺北市：商周出版：英屬蓋曼群島商家庭傳
媒股份有限公司城邦分公司發行, 2024.06
272面；17*23公分
譯自：Christian astrology. book1
ISBN 978-626-390-104-9（平裝）

1.CST: 占星術

292.22   113004241

BF6030X

基督教占星學・第一卷

原　書　名	／Christian Astrology
作　　者	／威廉・禮尼 (William Lilly)
譯　　者	／馮少龍
審　　訂	／魯道夫、Amanda
企 畫 統 籌	／國際占星學院
繪　　圖	／林家琪
特 約 編 輯	／劉毓玫
責 任 編 輯	／何若文、鄭依婷

版　　權	／吳亭儀、江欣瑜
行 銷 業 務	／周佑潔、賴玉嵐、林詩富、吳藝佳
總 編 輯	／何宜珍
總 經 理	／彭之琬
事業群總經理	／黃淑貞
發 行 人	／何飛鵬
法 律 顧 問	／元禾法律事務所　王子文律師
出　　版	／商周出版
	115台北市南港區昆陽街16號4樓
	電話：(02) 2500-7008　傳真：(02) 2500-7579
	E-mail：bwp.service@cite.com.tw　Blog：http://bwp25007008.pixnet.net./blog
發　　行	／英屬蓋曼群島商家庭傳媒股份有限公司城邦分公司
	115台北市南港區昆陽街16號8樓
	書虫客服專線：(02) 2500-7718；(02) 2500-7719
	服務時間：週一至週五09:30-12:00；13:30-17:00
	24小時傳真專線：(02) 2500-1990；(02) 2500-1991
	劃撥帳號：19863813　戶名：書虫股份有限公司
	讀者服務信箱：service@readingclub.com.tw
	城邦讀書花園：www.cite.com.tw
香港發行所	／城邦 (香港) 出版集團有限公司
	香港九龍土瓜灣土瓜灣道86號順聯工業大廈6樓A室
	電話：(852) 2508-6231　傳真：(852) 2578-9337
	E-mail：hkcite@biznetvigator.com
馬新發行所	／城邦 (馬新) 出版集團【Cite (M) Sdn Bhd】
	41, Jalan Radin Anum, Bandar Baru Sri Petaling,
	57000 Kuala Lumpur, Malaysia.
	電話：(603) 9056-3833　傳真：(603) 9057-6622　E-mail：services@cite.my

封 面 設 計	／黃聖文
內 頁 排 版	／游淑萍
印　　刷	／高典印刷有限公司
經 銷 商	／聯合發行股份有限公司　電話：(02)2917-8022　傳真：(02)2911-0053

■ 2018年9月4日初版　　　　　　　　　　Printed in Taiwan
■ 2024年6月8日二版

城邦讀書花園
www.cite.com.tw

定價／420元
版權所有・翻印必究
ISBN：978-626-390-104-9
ISBN：978-626-390-102-5 (EPUB)

廣　告　回　函
北區郵政管理登記證
台北廣字第000791號
郵資已付，免貼郵票

115台北市南港區昆陽街16號4樓
英屬蓋曼群島商家庭傳媒股份有限公司　城邦分公司

- -

請沿虛線對摺，謝謝！

| 書號：BF6030X | 書名：基督教占星學・第一卷 | 編碼： |

讀者回函卡

線上版讀者回函卡

感謝您購買我們出版的書籍！請費心填寫此回函卡，我們將不定期寄上城邦集團最新的出版訊息。

姓名：＿＿＿＿＿＿＿＿＿＿＿＿＿＿＿＿　性別：□男　□女

生日：西元＿＿＿＿＿＿年＿＿＿＿＿＿月＿＿＿＿＿＿日

地址：＿＿＿＿＿＿＿＿＿＿＿＿＿＿＿＿＿＿＿＿＿＿＿＿

聯絡電話：＿＿＿＿＿＿＿＿＿　傳真：＿＿＿＿＿＿＿＿＿

E-mail：

學歷：□ 1. 小學 □ 2. 國中 □ 3. 高中 □ 4. 大學 □ 5. 研究所以上

職業：□ 1. 學生 □ 2. 軍公教 □ 3. 服務 □ 4. 金融 □ 5. 製造 □ 6. 資訊
　　　□ 7. 傳播 □ 8. 自由業 □ 9. 農漁牧 □ 10. 家管 □ 11. 退休
　　　□ 12. 其他＿＿＿＿＿＿＿＿＿＿＿＿＿＿＿＿＿＿＿＿

您從何種方式得知本書消息？
　　　□ 1. 書店 □ 2. 網路 □ 3. 報紙 □ 4. 雜誌 □ 5. 廣播 □ 6. 電視
　　　□ 7. 親友推薦 □ 8. 其他＿＿＿＿＿＿＿＿＿＿＿＿＿＿

您通常以何種方式購書？
　　　□ 1. 書店 □ 2. 網路 □ 3. 傳真訂購 □ 4. 郵局劃撥 □ 5. 其他＿＿＿＿

您喜歡閱讀那些類別的書籍？
　　　□ 1. 財經商業 □ 2. 自然科學 □ 3. 歷史 □ 4. 法律 □ 5. 文學
　　　□ 6. 休閒旅遊 □ 7. 小說 □ 8. 人物傳記 □ 9. 生活、勵志 □ 10. 其他

對我們的建議：＿＿＿＿＿＿＿＿＿＿＿＿＿＿＿＿＿＿＿＿＿
　　　　　　　＿＿＿＿＿＿＿＿＿＿＿＿＿＿＿＿＿＿＿＿＿
　　　　　　　＿＿＿＿＿＿＿＿＿＿＿＿＿＿＿＿＿＿＿＿＿

【為提供訂購、行銷、客戶管理或其他合於營業登記項目或章程所定業務之目的，城邦出版人集團（即英屬蓋曼群島商家庭傳媒（股）公司城邦分公司、城邦文化事業（股）公司），於本集團之營運期間及地區內，將以電郵、傳真、電話、簡訊、郵寄或其他公告方式利用您提供之資料（資料類別：C001、C002、C003、C011 等）。利用對象除本集團外，亦可能包括相關服務的協力機構。如您有依個資法第三條或其他需服務之處，得致電本公司客服中心電話 02-25007718 請求協助。相關資料如為非必要項目，不提供亦不影響您的權益。】

1.C001 辨識個人者：如消費者之姓名、地址、電話、電子郵件等資訊。　　2.C002 辨識財務者：如信用卡或轉帳帳戶資訊。
3.C003 政府資料中之辨識者：如身分證字號或護照號碼（外國人）。　　4.C011 個人描述：如性別、國籍、出生年月日。

FUTURE

FUTURE

FUTURE

FUTURE